Dietmar Schenk

Phänomen Lichtkonto

Dietmar Schenk

PHÄNOMEN LICHT KONTO

Dein persönlicher Weg in die finanzielle Freiheit

SILBERSCHNUR VERLAG

ISBN: 978-3-89845-674-6

1. Auflage 2021

Umschlaggestaltung & Satz: XPresentation, Güllesheim; unter Verwendung verschiedener Motive von © Theodoros; © sibgat; www.shutterstock.com
Druck: Finidr, s.r.o. Cesky Tesin

Verlag »Die Silberschnur« GmbH · Steinstraße 1 · D-56593 Güllesheim
www.silberschnur.de · E-Mail: info@silberschnur.de

Inhaltsverzeichnis

Einleitung

Inzwischen ist allgemein anerkannt, dass man seine Realität selbst gestaltet. Man erlebt also das, worauf man seine Aufmerksamkeit lenkt. Wie soll man sich aber richtig ausrichten, wenn man gar nicht weiß, dass man durch verschmierte Fenster in die falsche Richtung schaut? Genau dafür sorgen ein paar unschöne Kopplungen, die uns ein Leben in Mangel und Unsicherheit bescheren - vor allem, was die Finanzen betrifft. Aus dieser scheinbaren Realität kommen wir auch nicht so einfach heraus, denn wir sind ja "machtlos"!

Wir finden uns eingesperrt in einer Finanzwelt, die sich uns alles andere als strahlend hell und leuchtend präsentiert. Sie kommt uns oft eher wie ein unwirtliches, ödes, ja sogar lebensfeindliches Gebiet vor. Aber wie ist sie wirklich, diese Energie, die die ganze Welt in ihren Bann zieht? Das werden wir uns in diesem Buch einmal anschauen.

Sollte sich die Finanzwelt wirklich als so hart und unwirtlich herausstellen, wie wir sie oft wahrnehmen, dann stellt sich natürlich auch die Frage, wie und wo das Lichtkonto einen spürbaren Hebel ansetzen kann, um sie freudig und lichtvoll zu gestalten. Einen kleinen Hinweis darauf gebe ich schon jetzt: indem es uns an unsere destruktiven

Kopplungen an Geld heranführt und zeigt, wie diese aufgelöst werden können.

Ich selbst habe es an mir praktiziert, denn ich bin nicht in eine reiche und obendrein von Kopplungen befreite Familie hineingeboren worden. Deshalb gehört zum Inhalt dieses Buches auch, wie ich in der Kindheit meine Kopplungen verfeinerte, sie als Erwachsener auslebte und letztendlich wichtige Erkenntnisse aus meinen Erlebnissen zog, um in die Fülle zu kommen.

Vielleicht empfindest du dieses Kapitel als unterhaltsam oder gar lustig. Vor allem aber wird es dir die Thematik dieses Buches näherbringen, und zwar ganz anders, als es auf dem Markt üblich ist. Zum Beispiel wirst du erfahren, wie das Dilemma aus neuronaler Sicht aussieht, wie also die Kopplungen und Überzeugungen im Gehirn ablaufen und was dort passiert, wenn diese Kopplungen aktiv sind. Dieses Buch behandelt demnach keinen "esoterischen Schnickschnack", sondern bezieht sich auf wissenschaftliche Erkenntnisse und wendet diese erfolgreich an.

Dass das Lichtkonto funktioniert, haben bereits zahlreiche Menschen bewiesen. Viele von ihnen kommen in diesem Buch zu Wort und berichten sowohl von ihren Erfolgen als auch davon, wie sie das Lichtkonto erfolgreich in ihr Leben integriert haben. Das ist kein Hexenwerk, das kann einfach jede/r. Und damit es auch allen, die es umsetzen möchten, leichtfällt, ist am Ende des Buches eine Checkliste abgedruckt, mit der einfach nichts mehr schiefgehen kann.

Wer so richtig tief einsteigen möchte, erfährt alles, was für einen tiefgreifenden Erfolg nötig ist. Einen wichtigen Aspekt davon kennst du ganz bestimmt schon: dass es nicht reicht, im Außen etwas zu bewirken. Man muss erst zu dem werden, was man sein möchte. Doch das Universum hilft uns dabei, und mit dem Lichtkonto wirst du erfahren, wie es ist, das Universum im Herzen zu haben.

Das Buch endet in teils wissenschaftlichen, teils mystischen Texten - und damit mit nichts als der Wahrheit.

Danke, dass du dich dafür öffnest.

Dietmar Schenk, im Mai 2021

Kapitel 1

Die Grundlage – das Gesetz der Anziehung

'Nicht schon wieder dieses Thema', magst du vielleicht denken. 'Das habe ich nun schon bis zum Erbrechen durchgekaut.'

Kann ich mir denken, mir geht es genauso. Lass dir das Thema trotzdem schmecken, und zwar aus einer Perspektive, die du so vielleicht noch nicht kennst und die dir deshalb einen ganz neuen Input geben kann. Also: Was ist da dran, dass man einfach nur seine Wünsche ans Universum abgibt und sich dann entspannt zurücklehnt und darauf wartet, dass die Bestellung geliefert wird?

Klar, um etwas zu bekommen, muss man wissen, was man haben will. Niemand schickt eine Bestellung an ein Versandhaus und schreibt: "Schickt mir einfach mal was Schönes!" Es muss einem schon klar sein, was man haben möchte. Je klarer es einem ist, desto eher kommt das Gewünschte ins Leben. Mit Kleinigkeiten, bei denen man gar nicht daran denkt, dass man dafür einen Wunsch aussendet - z. B. einen Parkplatz bestellen -, ist das überhaupt kein Problem, denn dabei entstehen keine sabotierenden Gedanken und das unbewusst Gewünschte kann sehr schnell ins Leben treten. Wunderbar klappt das auch mit Negativbestellungen, Befürchtungen also, und Ängsten, denn den negativen Gedanken vertrauen wir ja viel mehr als den positiven. Auf diese Weise unterstützt uns das Unterbewusstsein ganz hervorragend.

Es ist demnach gar nicht so einfach. Man muss das Heißbegehrte nicht nur bestellen - und dann kommt es postwendend. Zumindest in Sachen Geld scheint es nicht ganz - und vor allem nicht bei allen - so pfundig zu funktionieren. Der Grund ist, dass das, was wir aussenden, entweder nicht exakt das ist, was wir haben wollen, oder dass es aus dem Unbewussten heraus sabotiert wird.

Damit die gewünschte Realität 1:1 gelebt werden kann, sind zwei Dinge ganz wichtig:

1. Die energetischen Filter, durch die wir in den Möglichkeitsraum blicken, müssen geputzt sein. Wenn sie verschmiert sind - mit Vorbehalten, Befürchtungen, Zweifeln oder sogar Ängsten -, dann erkennen wir da draußen auch nur eine entsprechende Realität. Und wie mag die wohl aussehen? Eben: Sie wird ein Abbild deiner Filter sein.

Wie genau ist das zu verstehen mit den Filtern?

Stell dir vor, dein Bewusstsein sitzt in dir drin. Manche spüren es in ihrem Gehirn, andere im Herzen, wieder andere im Solarplexus. Aber wo immer du es bei dir auch wahrnehmen magst, der unvoreingenommene Blick auf die Realität da draußen muss drei Filter passieren:

a. deine Mentalenergie (z. B. Gedanken, Glaubenssätze)

b. deine Emotionalenergie (z. B. Konditionierungen) sowie

c. deine Identitätsenergie (womit identifiziere ich mich? Bin ich ein Geldmensch, oder bin ich dafür eher nicht geboren?)

Du siehst, deine Wahrnehmung kann ganz schön verfälscht werden.

2. Die Blickrichtung ist ebenso wichtig wie geputzte Filter, denn wenn wir den Blick nach unten wenden, wo es dunkel ist und sich schwer anfühlt, wo Mangel und Ängste herumlungern und es gar nicht gemütlich ist, dann erleben wir eine andere Realität, als wenn wir den Blick nach oben richten. Oben ist es hell, weit, leicht und belebend.

Du wünschst dir eine Demonstration, um das zu erfahren? Hier ist sie:

Wie sehr die Blickrichtung deine Energien bestimmt und wie wahr es ist, dass es unten dunkel und schwer, oben aber hell und leicht ist, kannst du in einem kurzen Test feststellen: Gehe ein wenig spazieren, nur ein paar Meter, und hefte dabei den Blick auf den Boden. Achte dabei darauf, wie sich das in deiner Brust anfühlt und welche Gedanken dir in den Sinn kommen.

Nach zehn Schritten richtest du den Blick nach oben. Deine Wahrnehmung bleibt in deiner Brust und du achtest weiterhin auf deine Gedanken. Wenn du absolut keinen Unterschied spürst, dann gratuliere ich dir von ganzem Herzen, denn dann sind all deine Filter von oben bis unten wirklich wunderbar blank gewienert. Sollte sich beim Blick nach unten aber etwas bedrückend und schwer anfühlen, dann kannst du das ändern. Auch in Sachen Finanzen!

Da es in diesem Buch nur um die Finanzen geht, beziehe ich mich im Folgenden nur auf das Lichtkonto, selbst wenn die Filter für alle möglichen Themen geputzt werden können. Das Buch ist aber eben dafür geschaffen, den Blick durch glasklare Finanzschaufenster auf Wohlstand und Fülle zu richten (vielleicht klarer, reiner und intensiver als jedes Seminar bei einem 1A-Finanzcoach). Durch die Arbeit an deinem Lichtkonto wird dein Füllefokus permanent, und nicht nur während der Zeit des Lesens, korrigiert.

Sicher sind allein die Tipps in diesem Buch schon in der Lage, dich positiv auszurichten, weil es bei dir während der Lektüre immer wieder mal "klick" macht. Das wünsche ich dir, denn du bist es wert, in der Fülle zu leben.

Solltest du dich jedoch dazu entschließen, beim Lichtkonto-Projekt mitzumachen, dann klinkst du dich ein in eine immer größer, heller, weiter und vitaler werdende finanzielle Kollektivenergie. Sie wird imstande sein, etwas zu bewegen, indem das Bewusstsein der Menschen immer mehr von den an Unsicherheit, Mangel und Machtlosigkeit gesättigten Finanzregeln weg und hin zu einem Wohlstand und Fülle bietenden System gelenkt wird. Das mag noch nicht gerade heute oder morgen spürbar sein, aber jede Bewegung hat schließlich einmal klein angefangen. Du kannst sie mit ins Rollen bringen.

Wissenschaftlicher Hintergrund

Das Universum hat zum Zweck unserer individuellen Erfahrungen ein energetisches Feld geschaffen, das uns in verschiedenen Ausdrücken begegnet. Manche nennen es schlicht "das Universum", andere kennen es unter dem Begriff "Matrix" und wieder andere meinen damit das "morphogenetische Feld". Wie immer du es auch nennen magst, es ist das gleiche Feld, ein Feld aus Energie und Information.

Manchen Wissenschaftlern zufolge sind Energie und Information unabdingbar miteinander verknüpft. Ich selbst schließe mich dieser Gruppe an, nicht erst, seit ich die Vierpoligkeit der Menschen untersuche, die unser gesamtes Leben steuert. Es gibt keine "uninformierte" Energie. Sie trägt immer eine Information, und sei es jene, dass keine Info da ist. "Null" oder "Chaos" ist eben auch eine Info.

Ebenso gibt es keine Information ohne Energie. Wenn jemand etwas auf einen Zettel schreibt, dann ist die Info auf der chemischen Energie des Papiers vorhanden und das Blatt befindet sich in der physischen Energie der Ruhe, zumindest solange es auf dem Tisch liegt. Bei einem PC, einem Fernseher oder einem Radio ist es noch viel offensichtlicher, dass Energie und Information zusammengehören. Da passiert nichts, wenn der Stecker gezogen und der Akku leer ist.

Schauen wir noch kurz auf die Atome? Sie bestehen aus Ladungen und nicht aus Materie, wie man früher einmal dachte. Die Ladungen sind elektrisch und somit Energie. Die Anordnung der negativ geladenen Elektronen, die den positiven Kern umkreisen, ist Information, und zwar jene, um welche Art von Materie es sich handelt. Gold und Blei unterscheiden sich nur auf feinstofflicher Ebene voneinander, auf der Ebene von Energie und Information.

Es gilt also das universelle Gesetz: **Energie und Information sind untrennbar miteinander verbunden.**

Astralreisende, wie zum Beispiel William Buhlman, dem es gelungen ist, tief in immer feinere Ebenen der Existenz hineinzutauchen, berichten von riesigen Energiefeldern, die zum größten Teil oft unstrukturiert sind - aber nicht informationslos, denn sie tragen eben die Info: "Hier herrscht Chaos." Buhlman erzählt auch, dass schon der kleinste Gedanke im Bruchteil einer Sekunde dazu in der Lage ist, Teile eines solchen Feldes zu strukturieren. Zwar ist es vielmehr unser Fokus, der Realität entstehen lässt, aber seine Aussage zeigt dennoch: Die Energie folgt der Aufmerksamkeit (dem Fokus also) auf dem Fuß. Sofort und ohne Umweg. Denkst du daran, ein neues Auto zu kaufen, und hast eine Vorstellung davon, wie es aussehen soll, dann formt sich auf feinstofflicher Ebene sofort ein Feld, das diese Information enthält. Wie lange dieses Feld aufrechterhalten bleibt, hängt davon ab, wie oft und wie intensiv du an das Auto denkst (den Fokus darauf ausrichtest).

Schauen wir uns die Thematik einmal aus einer anderen Perspektive an.

Dr. Emoto, einem japanischen Wissenschaftler, auf den ich weiter unten noch einmal zu sprechen komme, ist es gelungen, Kristalle von gefrorenen Wassertropfen zu fotografieren und damit zu beweisen, dass Wasser Informationen speichert. Vielleicht hinkt der folgende Vergleich ein wenig, aber ich bringe ihn jetzt trotzdem an, weil er das Verständnis für das Thema "Lichtkonto" vereinfachen wird.

Wasser hat, wenn es mit liebenswerten Energien "programmiert" wurde - zum Beispiel mit Gebeten, heilender Musik oder mit positiven Worten wie "Liebe" und "Dankbarkeit" - eine schöne, sechseckige Struktur. Nehmen wir das einmal als Beispiel für ein strukturiertes Feld in der Matrix.

Vorher ist das Wasser, je nachdem, wo es herkommt, sehr unschön. Lass uns das als "unstrukturiert" heranziehen. Wenn du nun digitale Unterstützung beim Visualisieren solcher Bilder brauchst, kannst du nach Dr. Emoto googeln oder dir hier ein paar Beispiele anschauen:

http://shardy.net/wp-content/uploads/2014/12/69.jpg

Gebete, schöne Worte und heilende Musik formen also die Information des Wassers um - von Murks und Schrott (linke Seite unter obigem Link = "unstrukturiert") auf wunderschöne sechseckige Formen (rechte Seite = "strukturiert").

In der Matrix passiert dasselbe in ähnlicher Weise. Hier ein Beispiel:

Stell dir vor, wir befinden uns in den 1880er Jahren. Dein Name ist Karl Benz. Du hast die Vision, dass Kutschen auch ohne Pferd fahren können, und machst dich auf die Suche nach Möglichkeiten. Dir kommt die Idee, einen Verbrennungsmotor zu bauen, der stark genug ist, ein Gefährt anzutreiben.

Nun ist alles, was wir uns vorstellen können, bereits da, auch wenn es noch nicht realisiert ist. Für jedes "Ding" gibt es in der Matrix ein "Cluster". Als Karl Benz die Idee hatte, eine motorenbetriebene Kutsche zu bauen, da arbeiteten gleichzeitig auch Gottlieb Daimler und sein Mitarbeiter Wilhelm Maybach daran. Bald danach tat es auch Henry Ford in Amerika, dann Armand Peugeot in Frankreich und ihnen sollten noch viele andere folgen.

Diese Visionäre waren zwar über den Globus verteilt, aber sie hatten dennoch eines gemeinsam: die Idee, ein von Motoren betriebenes Fahrzeug zu entwickeln. Damit waren sie mit dem Cluster "Auto" verbunden, selbst wenn es noch gar keine Autos gab. Sie gingen in Resonanz mit dem Cluster, als die Zeit dafür reif war, und verfolgten ihre Idee. Auf diese Weise füllten sie das Cluster mit Informationen, zapften aber auch Informationen ab von allen anderen, die mit dem Cluster verbunden waren und es speisten.

Man kann sich ein Cluster vorstellen wie einen auf der PC-Festplatte angelegten Ordner, in dem noch keine Dateien abgespeichert sind. Er ist also leer. Indem aber Benz, Daimler und Maybach an ihren Visionen arbeiteten, speisten sie diesen Ordner mit Gedanken, Ideen, Versuchen und Erkenntnissen. Und - das Leben besteht nun mal aus Geben und Nehmen - das Cluster lieferte ihnen auch die Informationen der anderen Motorenentwickler, die ihrerseits das Cluster speisten, so dass sich alle, die an der Idee "Auto" herumexperimentierten, gegenseitig inspirierten, ohne miteinander in Kontakt zu stehen. Auf diese Weise füllt sich ein ursprünglich eher leeres Cluster immer mehr und es wird immer spezieller. Inzwischen sind Autos High-Tech-Maschinen, aber das Cluster wird immer noch gefüttert. Nicht nur von den Autobauern und deren Zulieferern (Reifen beispielsweise), sondern auch von den Anwendern, die die vielfältigsten Fertigkeiten damit erwerben: Rennen fahren, Geschicklichkeit beweisen, Extremstrecken überwinden, ja sogar die Straßenbauer, Kfz-Versicherungen und Autoknacker mischen da mit.

Heutzutage ist kein einziger Mensch auf der Welt in der Lage, ein Auto ganz allein herzustellen mit allen Einzelteilen, genauso wenig einen PC mit Hard- und Software oder dergleichen. Einen Stuhl kriegt sicherlich noch jemand hin, wenn er einen Baum fällen und das Holz dafür zurechtschneiden kann, aber wenn er nicht weiß, wie Leim oder Schrauben hergestellt werden, muss er ihn schon mit Keilen verbinden. Für jedes Produkt, zu dessen Herstellung mehrere oder gar viele Menschen benötigt werden, ist eine Kollektivenergie notwendig.

Das Lichtkonto ist so eine Kollektivenergie - eine finanzielle Kollektivenergie - und daran sind bereits viele Menschen beteiligt. Das Cluster wurde ins Leben gerufen mit der Idee, eine von Unsicherheit, Mangel und Machtlosigkeit befreite Finanzenergie zu schaffen, und alle, die sich diesem Kollektiv anschließen, profitieren davon. **Allein die Arbeit mit dem Lichtkonto verknüpft die Menschen schon mit dem Kollektiv.** Sie helfen allen, die mitmachen, sich von den hinderlichen Kopplungen zu befreien, womit das Cluster "Lichtkonto" immer weiter gestärkt wird - durch von Kopplungen befreite Menschen.

Die Befreiung von den Kopplungen bewirkt, dass du im Umgang mit Geld sicherer wirst, dass du Fülle statt Mangel empfindest. Und der Workshop nimmt dir auch das Gefühl von Machtlosigkeit, denn du tust ja etwas, um deine finanzielle Lage zu verändern. Du übernimmst die Verantwortung für deine Situation und hast damit die Macht über sie. Die wunderbaren Erfahrungen, die du durch die Parts machst, finden wiederum Zugang zum Cluster - zur Kollektivenergie also - und stehen allen zur Verfügung, die sich diesem Cluster anschließen.

Noch einmal zurück zum Gesetz der Anziehung ...

Jeder Mensch schaut durch drei Filter in die Realität und nimmt sie so wahr, wie er sie durch die Filter sieht. Nun stell dir vor, deine Filter in Sachen Finanzen sind folgendermaßen getrübt:

1. Filter: Die Mentalenergie. Hier lungern Gefahren, Notwendigkeiten und Missstände herum. Dass diese allesamt unecht sind (weil sie nicht wirklich dein Leben bedrohen), ist für uns im Augenblick Nebensache, denn würde ich tiefer in diese Thematik einsteigen, würden wir das Thema "Finanzen" komplett aus den Augen verlieren. Hier sollen nur Beispiele für beschmutzte Filter angebracht werden, um die Thematik verständlich zu machen.

Auf deinem mentalen Filter klebt zum Beispiel die Info: "Ich laufe immer Gefahr, Geld zu verlieren, und *muss* daher ständig höllisch aufpassen." Darüber hinaus meinst du, für die Rente sparen zu *müssen*, weil du sonst unter Altersarmut leiden wirst, und überhaupt *musst* du sparsam sein, weil man ja nie weiß, was die Zukunft bringt. Vielleicht gesellt sich obendrein noch der Missstand hinzu, dass dein Job nicht genug Gelb abwirft, um all das *Müssen* zu erfüllen.

Wohlgemerkt: Gegen das Sparen ist nichts einzuwenden, im Gegenteil. Niemand wird durch Geldausgeben reich. Das Fatale an den Beispielen ist nur die Kategorie "Müssen". Dieses Müssen ist eine unechte Notwendigkeit, denn das musst du alles nicht, um am Leben zu bleiben. Aus Sicht des Stammhirns gehören zu den echten Notwendigkeiten nur Handlungen, die eine Lebensgefahr aus dem Weg räumen.

Das oben genannte *"Müssen"* ist für den Verstand real. Er bewertet es als "gefährlichen Notwendigkeitsmissstand" (meine eigene Wortkreation, ich bitte um Nachsicht), und das Emotionalgehirn glaubt ihm. Wissenschaftler nennen das "das Missverständnis zwischen den Gehirnen". Für das Stamm- oder Emotionalgehirn gibt es eben nur "Leben in Gefahr" oder "Leben nicht in Gefahr". Wenn der Verstand aber signalisiert, dass er höllisch aufpassen *muss*, damit nicht schon wieder Geld verlorengeht, dann kommt beim Emotionalgehirn an: 'Mist, Leben in Gefahr! Wenn wir das nicht baldigst abstellen, heißt es: Tschüss, lieber Planet Erde.' Es lässt vom Drüsensystem unangenehme Gefühle produzieren, die dich dazu bewegen sollen, die Missstände abzustellen. Aber das kannst du nicht so einfach, denn du bist ja machtlos, stimmt's?

Und nun wird es erst richtig lustig, denn der Verstand bekommt Wind von den Gefühlen, die seiner Meinung nach seine Bewertungen untermauern und bestätigen. Der Mentalfilter erhält ein Guggloch. Das hört sich nun zwar ganz gut an, ist es aber nicht, denn durch das Loch findest du plötzlich vermehrt negative Meldungen, zum Beispiel über Altersarmut, weil du dieses Thema fokussierst. Angesichts dieser Informationen erneuert der Verstand seine Bewertung: "Oh mein Gott. Es ist ja alles noch viel schlimmer, als ich dachte." Er ist eben immer auf der Suche nach Bestätigungen für seine aus der Schublade gepflückten Infos.

Was das Emotionalgehirn seinerseits mit der neuen Bewertung macht, kannst du dir jetzt sicher denken, du bist ja bereits ein Insider!

Das alleine ist schon ein Krampf und lässt dich auf finanzieller Ebene bestimmt auf Sparflamme fahren. Aber es gibt ja noch mehr Filter, genauer gesagt: noch zwei.

2. Filter: Die Emotionalenergie. Dies ist eine noch tiefer reichende Klasse, als es die Gedankenenergien sind. Sie werden nicht von unserem Großhirn durch Denken erzeugt, sondern sie entstehen direkt in unserem Emotionalgehirn, und zwar durch Konditionierungen, das heißt: Sie werden regelrecht einstudiert.

Dinge, die des Öfteren gleichzeitig passieren (zum Beispiel: Das Drücken auf den Lichtschalter lässt Licht aufleuchten), veranlassen das Emotionalgehirn, diese Vorgänge als "gegeben" abzuspeichern. Es ist ihm quasi wurscht, warum das so ist, wie es ist. Es macht sich nicht die Mühe, den Umstand zu analysieren. Das ist in vielen Fällen recht praktisch (z. B. beim Autofahren), aber eben nicht immer. Das Emotionalgehirn interessiert es nicht, ob etwas Sinn macht oder nicht. Es speichert nur den Zusammenhang ab, denn es hat nicht die Fähigkeit zu bewerten. Auf diese Weise werden auch Tiere trainiert (wenn ich Männchen mache, gibt's ein Leckerli, oder die pawlowschen Hunde, die immer zu sabbern begannen, wenn ein Glöckchen bimmelte. Es hatte eben immer gebimmelt, bevor es etwas zu fressen gab).

Damit Kopplungen entstehen, muss der zu koppelnde Vorgang wiederholt stattfinden. Dazu braucht es gar nicht so viele Wiederholungen, Kopplungen können recht schnell entstehen. Mit diesem Wissen kannst du dir sicher schnell bewusstmachen, welche Kopplungen in Bezug auf Geld bei dir eingeübt wurden. Wie ist es denn zu Hause abgelaufen, wenn es um Geld ging?

Da könnte es zum Beispiel vorgekommen sein, dass die Eltern immer besonders lieb zu ihrem Kind waren, wenn dieses sie beschenkt hat. Ein Mensch mit dieser Kopplung meint dann vielleicht, sich Liebe erkaufen zu können oder gar zu *müssen*.

Oder die Aussage "Wir haben doch keinen Geldesel!" war zu Hause die Regel, wenn ein Kind nur um ein paar Münzen für ein Eis bat. Dann wird dieser Mensch heute immer wieder der Meinung sein, sich das eine oder andere nicht leisten zu können, weil er ja immer noch keinen Geldesel hat.

Vielleicht hat jemand vom Elternhaus auch die Kopplung übernommen, dass immer dann eine unerwartete Rechnung auftaucht, wenn gerade mal ein wenig Geld im Monat übrigbleibt. Dieser Mensch "erfreut" sich heutzutage vielleicht an genau solchen Umständen: Es hat Weihnachtsgeld gegeben - und prompt gibt ein Gerät den Geist auf!

Zusammen mit den "gefährlichen Notwendigkeitsmissständen" aus dem ersten Filter bewirkt das schon eine ganz schöne Blicktrübung auf die Realität. Aber: Schlimmer geht immer! Denn es gibt ja auch noch einen dritten Filter.

3. Filter: Die Identitätsenergie. Hier ist abgelegt, wie du dich siehst, womit du dich also identifizierst. Auf der Ebene der Finanzenergie könnte das sein:

- Beruflich: "Ich bin ja nur ein xxx, da verdiene ich nicht viel, und etwas anderes kann ich nicht."
- Oder bezüglich deines beruflichen Status: Identifizierst du dich eher mit dem Chef oder mit dem Deppen vom Dienst?
- Auf privater Ebene findest du vielleicht, dass du in einer drittklassigen Liga mitmischst, bei den unteren 10.000 sozusagen, denn Nachbarn und Freunde haben allem Anschein nach viel mehr Kartoffeln auf dem Acker.
- Du könntest dich auch als "Spieler" identifizieren und meinen: No risk, no fun. Aber das Risiko kostet dich viel mehr Geld, als dass es etwas einbringt.
- Dein Bild von dir, was den Besitz angeht, ist nicht der Hausbesitzer und nicht der Porschefahrer, sondern ...?

- Gibt es Metaphern, in denen du dich wiedererkennst? Zum Beispiel als kleines Rädchen im Getriebe?
- Und wie sieht es mit Erfolgen und Leistungen aus? Hast du bei "Wer wird Millionär?" abgeräumt, oder brüstest du dich damit, irgendwo den größten Schaden angerichtet zu haben, den je ein Mensch verursacht hat (als Staplerfahrer in der riesigen Halle eines Biergroßhandels zum Beispiel? – "Hast du das damals in der Zeitung gelesen? Das war *ich*! Jawoll!")

Wenn jemand sich mit unheilvollen Identitäten verbunden sieht, dazu passende Kopplungen besitzt und dann auch noch auf der Mentalebene blockiert ist, dann kann das ein Desaster sein, aus dem man nicht so einfach herauskommt. Man kommt finanziell nicht in die Pötte, lebt auf einem gewissen Standard, mal etwas darüber, anschließend aber sicherlich wieder darunter, und man strampelt sich ab, was vergebene Liebesmüh ist.

Wenn du ein finanzielles Problem hast, dann schaust du also durch drei verschmierte Scheiben nach draußen auf die Realität. Selten ist nur eine Scheibe schmutzig. Glaubst du, es bringt dich weiter, wenn du nun "positiv denkst" und Affirmationen betest? Was passiert, wenn du dir täglich breit grinsend vor dem Spiegel gestehst: "Ich bin reich!" Mag sein, dass deine Affirmationen so stark sind, dass sie deinen Blick und damit deine Aufmerksamkeit tatsächlich auf Wohlstand, Reichtum und Fülle ausrichten. Aber Affirmationen sind Gedankenenergien, und so putzen sie nur den Mentalfilter. Die Trübung durch die anderen beiden Filter bleibt dennoch bestehen, und die gewünschte Realität kann sich nicht so richtig entfalten. Vielleicht passiert es mit dem einen geputzten Filter nun, dass du dein Ziel immer wieder fast erreichst. Aber im letzten Moment wird die Lieferung storniert, das heißt, ein richtig gutes Angebot wird plötzlich zurückgezogen, den lukrativen Job schnappt sich ein anderer, obwohl das Bewerbungsgespräch doch so verdammt gut gelaufen ist, und Erspartes, Gewonnenes und andere Summen gehen einfach flöten. Ich habe das ausgiebig präsentiert bekommen und weiß, wovon ich hier schreibe.

Um der Matrix die Lieferung von Wohlstand und Fülle zu erlauben, müssen ihr also alle drei Tore geöffnet werden, das mentale, das emotionale und das Identitätstor. Erst dann - und nur dann - bringt der Blick auf die Fülle den Segen.

Das oben Beschriebene ist uns auf individueller Ebene aufgepfropft worden - was ja alleine schon schlimm genug und anstrengend ist. Aber das ist noch nicht alles, denn auch auf der Kollektivebene wüten Energien, die uns wirklich erschreckend kleinhalten können. Davon berichtet das nächste Kapitel.

Kapitel 2

Die Finanzenergie – und was das Lichtkonto bewirken möchte

Geld ist eine reine Kollektivenergie, an ihr sind fast alle Menschen beteiligt. Zusammen kreieren wir die Kollektivenergie "Geld", so dass wir auf dieser Ebene gar keine eigene Geldenergie besitzen (wohl aber haben wir Meinungen und Überzeugungen zu diesem Thema, so viel nebenher, damit das nicht verwechselt wird).

Die vielfältigen Meinungen und Überzeugungen zum Thema "Finanzen" haben zwar einen nicht zu überschätzenden Einfluss auf die kollektive Geldenergie, aber sie alleine macht deren Wesen noch nicht aus. Viel tiefgreifender ist das Wesen der Finanzwelt, und dieses wird bereits durch eine begrenzte Geldmenge geprägt.

Begrenzte Geldmenge?

Da mag bei dir vielleicht ein Zweifel aufkommen, denn offenbar kann ein Staat ja einfach mehr Geld drucken, wenn er es braucht. Immerhin war der höchste Wert, den jemals ein Geldschein in Deutschland erreichte, 15-stellig und betrug 100 Billionen Mark. Das war im November 1923. Sage und schreibe 133 Fremdfirmen ließen damals ihre 1.783 Druckmaschinen Tag und Nacht laufen, um die Banknoten zur Verfügung zu stellen, die zu dieser Zeit gebraucht wurden, und 30 Fabriken lieferten das dafür nötige Papier. Das Geld für die täglichen Lohnauszahlungen fand seinen Platz auf vielen Handwagen, die sich als Geldtransportkolonnen durch die Städte bewegten.

Abb. 1: Reichsbanknote

Die unvorstellbare Summe von 700 Trillionen Mark Notgeld plus 524 Trillionen von der Reichsbank in Umlauf gesetzten Mark lässt daher zwar vermuten, Geld stünde unbegrenzt zur Verfügung, aber dem ist eben nicht so. Es ist nur eine begrenzte Geldmenge auf der Welt im Umlauf. Diese zur Verfügung stehende Geldmenge lässt es nicht zu, dass alle Menschen Millionäre sind. Dafür ist einfach nicht genug Geld da, und deshalb lässt sich diese Realität auch nicht kreieren. Wir werden weiter unten noch feststellen, dass es tatsächlich "nicht realisierbare Realitäten" gibt. Abgesehen davon hält es nicht jeder Mensch für möglich, Millionär zu sein, wenn er es sich auch noch so wünschen mag.

Alle denkbaren Finanzrealitäten müssen sich also in dem vom Kollektiv gesteckten Rahmen bewegen. Etwas anderes geht einfach nicht, selbst wenn viele Anhänger der Überzeugung "Alles ist möglich, wenn man es nur will" jetzt vielleicht Magendrücken kriegen.

Bei den oben beschriebenen Fakten zur begrenzten Geldmenge, die uns davon abhält, dass wir alle steinreich sein können, handelt es sich um eine Rahmenbedingung, die die Menschen sich selbst geschaffen haben. Und es ist nicht die einzige.

Eine weitere Rahmenbedingung finden wir auf der menschlichen Ebene wieder, in der Art und Weise, wie wir mit Geld umgehen. Es ist einfach unrealistisch, ja noch nicht einmal ernsthaft vorstellbar, dass einem jeder Europäer, und seien es nur die Wohlhabenden, einfach mal so 1.000 Euro überweist. Alle, die der Überzeugung sind, dass alles möglich ist, dürfen sich gerne mal an dieser Aufgabe üben. Wer es schafft, von jedem Europäer 1.000 Euro einzuziehen, dem ist es gelungen, eine kollektive Gesetzmäßigkeit außer Kraft zu setzen - oder sich darüber hinwegzusetzen. Die Menschen geben ihr Geld nicht so einfach und leichtfertig weg, zumindest nicht, ohne einen Gegenwert dafür zu bekommen oder zu erhoffen. Sicherlich gibt es auch ein paar Spendable unter uns, die sich dieser Gesetzmäßigkeit entziehen, aber Ausnahmen bestätigen ja bekanntlich die Regel.

Alles Geld, das uns zufließt, kommt ausnahmslos aus dem großen Topf der kollektiv zur Verfügung stehenden Geldmenge. Jeder noch so kleine Betrag hat seinen Eigentümer, und seien es nur zehn Cent, die auf der Straße liegen. Da es kein besitzerloses Geld gibt, wird das Geld, das wir einsäckeln, bei jemand anderem weniger. Die Gesetzmäßigkeiten, die wir uns geschaffen haben, sehen vor, dass wir für erhaltenes Geld einen Gegenwert zur Verfügung stellen, z. B. eine Ware oder eine Dienstleistung. Möglich sind auch Sammeltöpfe (Klingelbeutel, Lottospiel, Wetten, Spendensammlungen usw.), in die viele etwas hineingeben, das nachher an andere ausgeschüttet wird.

Unsere finanziellen Möglichkeiten spielen sich also unter selbst geschaffenen Rahmenbedingungen ab, die keine Wunder zulassen, die darüber hinausgehen.

Aber es gibt ja nicht nur die menschliche Ebene, auf der wir unterwegs sind.

Wir alle bewegen uns auch im Universum, im Feld aller Möglichkeiten, und dort sind wir mit unserem Bewusstsein unterwegs. Bevor du nun aber frohlockst und jubilierst: "Ich wusste es, es ist eben doch alles möglich", solltest du dir im Klaren darüber sein, dass das Bewusstsein nur beobachtet.

Das Thema Geld ist ihm schnurzpiepegal. Was will das Bewusstsein mit Geld oder jedem anderen materiellen Gut? Das Bewusstsein möchte nur durch unseren Körper die Welt erleben. Weiter nichts! Unser Körper und das Umfeld, in dem wir leben, gibt ihm die Möglichkeit, Erfahrungen zu sammeln, Erfahrungen über uns selbst, über Gott und die Welt.

Kein Bewusstsein, auch nicht das größte, ist in der Lage, sich selbst zu beobachten. Würde uns unser Verhalten nicht gespiegelt werden, dann wäre unsere Existenz hier völlig sinnlos. Wir würden ja keine Erfahrungen machen, nichts dazulernen und daher nicht wachsen. Damit wir aber gespiegelt werden, sorgt die Matrix für entsprechende Umstände mit Wachstumspotenzial. Das gilt natürlich auch für Ereignisse, an denen sehr viele Menschen beteiligt sind, was beim Geld unbestritten der Fall ist. Jeder in dieser Kollektivenergie bekommt ständig seine eigenen Finanzenergien widergespiegelt. Mit dem Lichtkonto ist uns nun endlich die Möglichkeit gegeben, durch das Auflösen von Kopplungen die Energien zu reinigen und uns so das Überwechseln in eine andere Finanzrealität zu ermöglichen. Neue, wunderbare Erfahrungen von Wohlstand und Fülle folgen dann zwangsläufig.

Zusammengefasst befinden wir uns auf der menschlichen Ebene in Gesetzmäßigkeiten wieder, die uns vorgeben

- dass es nur eine begrenzte Geldmenge gibt
- und dass Geld, das uns zufließt, immer von jemand anderem kommt, der es nicht immer freiwillig herausrückt.

Auf der Seelenebene ist es eine Gesetzmäßigkeit, dass wir unser Verhalten, unsere Einstellungen und Überzeugungen, auch in Bezug auf Geld, gespiegelt bekommen, damit wir daraus lernen und wachsen.

Mit diesen selbst geschaffenen Regeln haben wir uns jedoch auch Grenzen gesteckt, innerhalb derer wir uns bewegen können, denn die Möglichkeiten im Möglichkeitsraum sind dadurch begrenzt und geben uns die Fülle an Machbarem vor, das wir auf dieser Welt realisieren können.

Und jetzt noch einmal eine andere Sichtweise auf das kollektive Mangelsystem Geld.

Wie gesagt: Unser Geldsystem ist ein Geld-Mangel-System, denn hier wird fast alles nur aus Schulden geschöpft. Da weltweit nur eine begrenzte Menge Geld zur Verfügung steht und dieses noch nicht einmal jemandem gehört, egal, wie viel er hat, kann jemand nur Geld erhalten, wenn es woanders oder bei einer anderen Person weniger wird.

Zur Vereinfachung der Thematik stell dir bitte eine in Finanzen ausgeglichene Situation vor: zwei Konten, die beide den Saldo 0 Euro aufweisen. Nun kommst du mit jemandem ins Geschäft. Dieser Jemand hat also wie du ein Konto mit dem Stand 0 Euro. Da du ihm aber etwas verkaufst und Geld dafür haben möchtest, überweist er dir, sagen wir mal, 100 Euro. Der Dispokredit seiner Bank erlaubt das. Plötzlich hast du +100 Euro auf deinem Konto, und dein Kunde hat -100 Euro. Dieses System setzt also voraus, dass alle Guthaben weltweit genauso groß sein müssen wie die Schulden. Sobald jemand auch nur einen Euro erhält, hat ein anderer diesen Euro weniger.

Nun gibt es nur recht wenige Menschen, die sehr gut - so richtig-richtig gut - mit Geld umgehen können. Dieses Talent versetzt sie in die Lage, einen riesigen Geldhaufen aufzuschippen, und der Rest der Welt teilt sich die Schulden, die diesen Berg ausgleichen. Was genau dahintersteckt, erklärt das Kapitel 6: Warum das Lichtkonto funktioniert.

Wenn du nun meinst, das betrifft dich nicht, weil dein Konto im Plus ist, dann lies bitte weiter.

Du hast also keine privaten Schulden. Wunderbar. Damit gehörst du schon mal nicht zu den fast 10 Prozent der Deutschen, die überschuldet sind und nachhaltige Zahlungsstörungen aufweisen. In diesen genau 9,92 Prozent der Bevölkerung sind aber sicher nicht jene notiert, die beim Bäcker um die Ecke angeschrieben, beim Kumpel Geld geliehen haben oder bei der Mama in der Kreide stehen. Das mal so nebenbei.

Wenn du privat keine "sichtbaren" Schulden hast, dann bist du dennoch nicht davon befreit, denn der Staat schöpft auch in deinem Namen Kredite. Das sind derzeit um die 1,9 Billionen Euro bzw. gut 23.000 Euro pro Kopf - und gar 46.000 Euro pro Erwerbstätigem. Eine vierköpfige Familie hat also rund 92.000 Euro unsichtbare Schulden, für die sie ständig Geld abdrückt. Etwa 36 Prozent von jedem

Produktpreis sind Zinsanteil, für den du beim Einkauf angezapft wirst, und darauf zahlst du auch noch die Mehrwertsteuer. Obendrein ziehen uns überhöhte Steuern, Beiträge, Abgaben usw. unseren Anteil an den Gesamtschulden aus den Taschen. (Diese Informationen gehen u. a. auf den Volkswirtschaftler Prof. Dr. Straubhaar von der Uni Hamburg zurück und sind schlicht und simpel FAKT.) Zwar gibt keine Schuldenuhr wirklich den aktuellen Stand wieder – es handelt sich immer nur um Schätzungen –, aber der errechnete Wert aus Schuldenstand und Neuverschuldung soll doch recht genau sein. Seit 2015 ist die Staatsverschuldung in Deutschland rückläufig und verjüngt sich um aktuell 47 Euro pro Sekunde.

Abb. 2. : Staatsverschuldung der Bundesrepublik Deutschland

Es ist also nicht übertrieben, wenn ich sage, dass wir in ein "Schuldensystem" hineingeboren werden. Dadurch hat sich eine kollektive Mangelenergie manifestiert, aus der es so leicht kein Entrinnen zu geben scheint. Wir werden schon bei der Geburt, wahrscheinlich sogar schon vorher, auf Mangel geeicht.

Noch einmal (weil es so wichtig ist):
Zwei Dinge sind maßgeblich dafür verantwortlich, wie unsere Realität - auch bezüglich unserer Finanzen - aussieht. Das ist zum einen unsere Aufmerksamkeit, der Fokus also, worauf wir uns in Sachen Geld konzentrieren. Zum anderen sind es unsere Wahrnehmungsfilter. Fokus und Filter müssen klar sein, wenn wir eine angenehme Realität erleben möchten.

Wir können den Fokus natürlich auf das ausrichten, was wir nicht wollen - z. B. Schulden vermeiden, kein Geld verlieren oder einfach nur keine Geldprobleme haben. Dann ist es egal, wie sauber und geputzt unsere Wahrnehmungsfilter sind. Sie spielen keine Rolle, solange wir nach unten schauen. Da unten, wo es dunkel ist und bedrückend, finden wir nur die niederen Energien, und wir sehen das, was wir nicht wollen (einen Hundehaufen vor dem Hoftor zum Beispiel). Unsere so gut gereinigten Wahrnehmungsfilter kommen dann nur blank geputzten Fensterscheiben gleich, durch die wir auf die Straße schauen und Hundekot sehen. Es nutzt nichts, sich einzureden, dass man seinen Fokus doch aufs Geld ausgerichtet hat, wenn es tief in einem selbst ganz anders aussieht. Der Möglichkeitsraum lässt sich nicht austricksen und liefert genau das, worauf wir uns in aller Ehrlichkeit (auch unbewusst) konzentrieren. Das Auflösen von Glaubenssätzen und deftige Affirmationen helfen unter solchen Umständen - ehrlich gesagt - nicht weiter.

Bedingt durch unsere Kultur und das damit verbundene unnatürliche Aufwachsen ist Liebe automatisch an Unsicherheit gekoppelt.

Bei den Naturvölkern entwickeln Babys kaum einen Zweifel daran, dass sie geliebt werden. Im ersten Lebensjahr werden sie bei jeder Arbeit am Körper getragen und spüren den ständigen Kontakt zur Mutter. Inzwischen findet dieses Vorgehen auch bei uns gelegentlich Anwendung. Bei jenen, die die meiste Zeit allein in ihrem Bettchen verbringen, schon sehr früh von einer Leihmutter betreut oder in den Kinderhort gegeben werden, ist die Gewissheit, geliebt zu werden, jedoch nicht gegeben. Das Baby kann sich so gar nicht sicher sein, ob es geliebt wird, was in einem erhöhten Sicherheitsbedürfnis resultiert (das Kind braucht Beweise). Um die Unsicherheit loszuwerden, will es mehr Liebe, bekommt sie aber nicht, und dadurch erfährt es Mangel. Der Mangel fühlt sich nicht gut an, also soll auch dieser weg. Das klappt aber nicht so richtig, denn auf den Schrei nach Liebe bekommt das Baby nur die Flasche. Und so lernt das Kind, dass es machtlos ist. Auf diese Weise koppelt sich auch die Machtlosigkeit an die Liebe und bringt alle möglichen Ängste hervor. Diese Emotionskette in Bezug auf die Liebe ist in unserer Kultur bei vielen vorprogrammiert.

Beim Geld ist das nicht anders. Hier bringt aber nicht nur das Aufwachsen in unserer Kultur diese Kopplungen hervor. Auch unser weltweites Währungssystem mischt da mit. Es ist so gestrickt, dass einfach kollektive Unsicherheit, Mangel und Machtlosigkeit entstehen *müssen*.

Wie aber funktioniert das globale Währungssystem, dass es diese unschönen Energien im Kollektivbewusstsein kreiert?

Wie oben bereits geschildert, dürfen die Staaten dieser Welt nicht einfach so viel Geld drucken, wie es ihnen gefällt. Wenn es so wäre, dann könnte der Welthandel gar nicht funktionieren, denn das Geld des einen Staates wäre ja woanders wertlos. Wie sollte also der globale Handel ablaufen, wenn es kein weltweites Währungssystem gäbe? Und so gibt es unabhängige Institutionen, deren Aufgabe es ist, das Geld zu verwalten. Wir kennen diese Institutionen unter dem Begriff "Zentralbanken". All die Zentralbanken dieser Welt sind der BIZ, der Bank für internationalen Zahlungsausgleich in Basel, angeschlossen.

Die Zentralbanken sind so definiert, dass sie von allen Nationen, auch von dem jeweiligen Staat, für den sie zuständig sind, unabhängig sein müssen, eine wichtige Voraussetzung dafür, dass das Weltwährungssystem funktioniert. Keine Zentralbank dieser Erde gehört also einem Staat. Sie wird allenfalls vom Staat kontrolliert und steht damit unter dessen Aufsicht, was letztendlich bedeutet, dass die Zentralbanken sich in privater Hand befinden. Das trifft auch auf die BIZ zu, die ebenfalls eine private Einrichtung ist. Im Hinblick auf die Macht der Konzerne, die viel mehr den Staat dirigieren als umgekehrt, kannst du dir nun sicher denken, was die Kontrolle der Zentralbanken durch die Staaten wert ist. Dass diese erschreckende Tatsache eine kollektive Unsicherheit in Bezug auf Geld hervorruft, ist mehr als verständlich.

Natürlich stellen weder die BIZ noch die Zentralbanken ihr Geld kostenlos zur Verfügung, nur damit wir gut und prall leben können. Wer Geld haben möchte, muss es sich von ihnen leihen. Als Privatperson gehst du zur Bank, wenn du einen Kredit brauchst, oder du erwirtschaftest Geld mit deiner Arbeitskraft. Aber weder deine Firma noch die Bank, die dich mit einem Kredit verwöhnt, hat selbst Geld oder druckt es sogar. Entweder sie haben es sich geliehen oder sie haben es sich erwirtschaftet bei jemandem, der es sich geliehen hat. Geld produzieren dürfen eben nur die Zentralbanken. Jemand, der keine Zentralbank ist, macht sich strafbar, wenn er einfach Geld druckt. Sämtliches Geld, das im Umlauf ist, ist also nur von den Zentralbanken geliehen.

So weit alles klar? Gut, dann werden wir das jetzt mal ändern.

Warum geben die Zentralbanken ihr Geld heraus? Warum verleihen sie es? Ganz bestimmt nicht aus Gutmütigkeit. Nein! Sie tun es, um Zinsen dafür zu bekommen.

Ich gebe zu, diese Information ist noch nicht der Brüller. Aber: Die Zentralbanken wollen nicht nur Zinsen kassieren, sondern auch ihr Geld wieder zurückhaben, so wie jede Bank scharf darauf ist, wieder an "ihre" Kohle zu kommen (nebst Zinsen, versteht sich, auch wenn der Leitzins, jene Erhebung, die das Geldverhalten der Banken und sogar der Wirtschaft steuern soll, sich zur Zeit der Entstehung dieses Buches in Europa auf 0 Prozent verjüngt hat. Dafür gibt es Strafzinsen für Banken, die Geld parken, anstatt es zu verleihen. Für uns Bürger ändert sich dadurch nichts. Wir müssen weiterhin Geld erwirtschaften oder es uns leihen und dafür Zinsen zahlen).

Um das Ganze nun ein wenig anschaulicher zu machen, sehen wir uns das einmal aus höherer Sicht an, also von oben, vom Mond aus, und schauen auf die Erde. Dort gibt es, sagen wir mal, eine Trillion Euro. Unser gesamtes Weltwährungssystem hat in unserem Erklärungsmodell also eine Trillion Euro zur Verfügung, und alle 7,x Milliarden Menschen haben in unterschiedlicher Verteilung diese Summe zur Hand. Es ist Geld, das keinem von ihnen wirklich gehört, denn nur die Zentralbanken besitzen Geld. Es muss also wieder zurückgegeben werden, plus Zinsen. Der Knackpunkt dabei ist, dass dafür kein Geld vorhanden ist, denn es gibt ja eben nur diese eine Trillion.

Es ist im Prinzip egal, ob dir die Technik, wie das weltweite Währungssystem funktioniert, bewusst ist oder nicht. Wir alle sind mit unseren Energien Teil der Kollektivenergie, in der bereits diese Unsicherheit fest einprogrammiert ist. Die Unsicherheit von "Es ist nicht genug Geld für alle da", von "Wie soll ich das zurückzahlen?" und so weiter.

Die einzige Möglichkeit, den Zentralbanken ihr Geld wieder zurückzugeben, ist, sich von ihnen das Geld für die Zinsen zu leihen. Dadurch entsteht ein Teufelskreis, in dem auch unsere Staaten stecken, die sich immer wieder Geld für die Zinsen leihen müssen. Die Tatsache, dass es auf der Welt nicht genug Geld gibt, um den Zentralbanken das Geliehene zurückzuzahlen, lässt natürlich viel Spielraum für Mangelenergien. Daher ist Geld eine kollektive Mangelware - es gibt nicht genug davon -, und Mangel kooperiert so wunderbar mit der Unsicherheit.

Es wäre schön, wenn ich an dieser Stelle meinen Vortrag beenden könnte, aber das ist noch nicht alles. Es gibt weitere Faktoren in der kollektiven Finanzenergie, die uns Unsicherheit, Mangel und Machtlosigkeit bescheren.

Es war einmal ...

eine wunderschöne Zeit, in der es einen Goldstandard gab, eine Währungsordnung, die aus geprägten Goldmünzen bestand oder auch aus Banknoten, die einen Anspruch auf Gold repräsentierten und in Gold eingetauscht werden konnten. Beim reinen Goldstandard entspricht die Geldmenge eines Landes also dem Wert von Gold, das in diesem Land im Umlauf ist. Dieser Standard wurde zum Beispiel um 1870 herum noch gepflegt, doch bereits gegen Ende des 19. Jahrhunderts mehr und mehr aufgeweicht. Durch die in Mode kommende Nutzung von Banknoten und - schon zu dieser frühen Zeit - Giralgeld (Überweisungen von Konto zu Konto ohne Bargeldanspruch) entfernte sich die Geldlandschaft langsam, aber sicher vom reinen Goldstandard. Dieses Szenario beschleunigte sich mit Beginn des Ersten Weltkriegs massiv.

Ob nun der Wert gedruckter Banknoten eine hundertprozentige Golddeckung aufweist oder nicht: Die Tatsache macht deutlich, woher die Mangelenergie im Geldsystem kommt, denn Gold steht nun mal nicht grenzenlos zur Verfügung.

Inzwischen werden auch Befürchtungen immer lauter, auch hier könnte eine Obergrenze festgelegt werden. Der deutsche Börsenmakler, Fondsmanager und Buchautor Dirk Müller gibt uns eine Kostprobe auf YouTube, was seiner Meinung nach auf uns zukommen wird. Du findest das Interview mit ihm unter dem Titel "HÖRT GENAU HIN! DIRK MÜLLER ERZÄHLT" auf dem Kanal "AUFGEWACHT". Ihm zufolge ist die Bargeldabschaffung bereits beschlossene Sache und in nicht allzu ferner Zukunft zu erwarten. Müller meint, dass es dazu eine weltweite Absprache der "Machteliten" gibt, um uns besser kontrollieren zu können. Wenn es nur noch elektronisches Geld gibt, dann kann der Staat dich wunderbar dirigieren, so, wie es bereits in China geschieht. Wer nicht spurt, bekommt Minuspunkte, wer zu viele Minuspunkte hat, wird in seinem Konsum begrenzt. Plötzlich darfst du kein Flugticket mehr kaufen, nicht mehr Zug fahren und nicht mehr tanken. Obendrein wird ganz bösen Leuten das Internet abgedreht, und wenn das immer noch nicht reicht, kann auch der Einkauf von Lebensmitteln eingeschränkt oder verboten werden. Wir leben zwar hier und jetzt nicht mehr wirklich in der Demokratie, aber noch ist es erträglich. Das könnte sich ganz schnell ändern, wenn wir uns oft genug vorstellen, was uns blühen könnte - und so entsprechende Ängste schüren. Je mehr Menschen sich mit Kryptowährungen beschäftigen und bargeldlos bezahlen (was ja angesichts der aktuellen Corona-Lage überall bevorzugt wird), desto schneller kann es passieren, dass wir vergessen, wie sich Scheine und Münzen in der Hand anfühlen. Umgekehrt ist es immer noch möglich, diese Horrorentwicklung aufzuhalten, wenn wir uns alle bewusstmachen, welche Macht wir in Wirklichkeit haben.

Du siehst, Unsicherheit, Mangel und Machtlosigkeit haben einen fetten Nährboden, und je mehr Menschen sich unserem lichtvollen Kollektiv auf Finanzebene anschließen, desto schneller kann sich hier etwas tun, angst- und gewaltfrei, in aller Stille.

Bargeldlos zahlen

Bestimmt hast du auch davon gehört, dass es in Schweden schon so weit ist, dass nur noch bargeldlos gezahlt werden kann, und dass in Deutschland der 500-Euro-Schein nicht mehr gedruckt wird und ausläuft. Viel und gerne wird und wurde darüber bei Facebook und anderen sozialen Medien von "Experten" berichtet.

Als ich 2018 für einen Vortrag nach Marholmen bei Stockholm flog, hatte ich keine Schwedischen Kronen dabei, warum auch, wenn es dort kein Bargeld mehr gibt. Ich hatte also erst gar nicht bei der Bank danach gefragt. Umso erstaunter war ich, als die Schweden ebenso Scheine und Münzen in ihren Geldbörsen hatten wie die Menschen hierzulande. Auf meine Frage, ob es denn noch Bargeld gebe, erhielt ich zur Antwort: "Ja klar, warum nicht?" Sie wussten nichts von den Gerüchten, die sich hier breitmachen.

Solche Gerüchte sowie das Bezahlverhalten mancher Menschen, die auch kleinste Summen mit der EC-Karte begleichen, sind fette Signale ans Universum: "Schaff doch bitte unser

Bargeld ab." Es ist sinnvoll, so viel wie möglich in bar zu bezahlen. Zum einen behältst du viel besser den Überblick über deine Finanzen und zum anderen sendest du keinen Schrott ans Universum. Vor allem bist du viel weniger kontrollierbar, weil du mit Bargeld keine Spuren hinterlässt.

Wenn du gerne bargeldlos bezahlst, auf Pump kaufst und obendrein noch deine Kopplungen pflegst, wirst du, ob bewusst oder unbewusst, von Unsicherheit, Mangel und Machtlosigkeit beherrscht werden. Der augenscheinliche Mangel bringt dich vor allem dazu, ein Sicherheitspolster schaffen zu wollen. Zumindest versuchst du es, sofern du die nötigen Rücklagen dafür hast. Jaaa, wir wollen Sicherheit, am besten so viel Geld, dass wir wunderbar davon leben können, ohne dass es weniger wird. Toll wäre überdies, wenn der Fiskus davon nichts wüsste. Größtmögliche Sicherheit also.

Aber: Sicherheitspolster - bitte nicht mit dem angesparten Wohlstand verwechseln (hier kommt es auf die gedankliche Ausrichtung an) - sind aus dem Mangel heraus geboren, und dieser Mangel sorgt für eine kollektive finanzielle Machtlosigkeit. Um das zu verstehen, betrachte bitte immer die gesamte Menschheit, und wenn es dir leichter fällt, dann diese gerne auch als ein Gruppenwesen, das immer mit seinem Paket aus Kopplungen unterwegs ist. Deren Eigenschaften bekommen wir ständig unter die Nase gerieben, denn wo man auch hinschaut, gibt es Probleme mit Geld. Das fängt schon beim Staat an, der nie genug hat und nie genug bekommt (und es auf der anderen Seite verprasst), und hört *nicht* bei der Firma (die ständig etwas streicht und kürzt), beim Nachbarn, in der Familie oder gar bei uns selbst auf. Diese Allgegenwärtigkeit der Negativitäten in Bezug auf Geld sorgt bei uns für entsprechende Emotionalenergien, die auch genauso geprägt sind. Hinzu kommen Ängste, Verlustängste zum Beispiel, oder gar Existenzängste.

Um sich nun ein Leben in Wohlstand und Fülle zu erschaffen – was wir ja dadurch erreichen, dass wir in den Möglichkeitsraum hinausblicken und die für uns beste Wahl treffen –, ist es notwendig, seine Wahrnehmung und die Filter entsprechend herzurichten. Die beste Möglichkeit ist jedoch, nur zu erkennen, wann die Filter für den Blick auf Wohlstand entsprechend durchlässig sind. Solange die Filter noch mit Unsicherheit, Mangel und Machtlosigkeit sowie den daran klebenden Glaubenssätzen und Überzeugungen tapeziert sind, können wir nur Realitätsmöglichkeiten finden, die uns genau das bescheren – grausige Geldrealitäten. Durch das Putzen der Filter wird der Blick frei auf den angestrebten Wohlstand. Das Lichtkonto gibt dir die Möglichkeiten dazu an die Hand, damit du dich von Unsicherheit, Mangel und Machtlosigkeit – nebst aller damit verknüpften Konditionierungen, versteht sich – befreien und den Wohlstand in dein Leben holen kannst.

Was aber würde passieren, wenn alle Menschen dieser Welt sich dem Lichtkonto (oder ähnlichen Einrichtungen, die ihre Wahrnehmung auf Fülle ausrichten) anschließen und ihre Filter und den Fokus positiv gestalten? Nun, dann würde sich das weltweite Währungssystem mit der Zeit verändern. Es hätte keinen Bestand mehr. Die schlechten Energien funktionieren wie Stützen für die alte Realität, und wenn sie weggetreten werden, bricht das, was davon gehalten - gestützt - wird, zusammen.

Möchtest du dazu ein Beispiel lesen?

Meine liebe Partnerin hat in den 1980er Jahren ein Anwesen erworben, mit einigem an nicht mehr aktuellen Dingen, die im Keller lagen. Gerümpel eben. Mit den Jahren hat sich da so einiges mehr hinzugesellt, und ich konnte die dunkle, alte, ja tote Energie förmlich spüren.

Kurz vor den Raunächten 2015 auf 2016 fiel uns immer wieder ein Bericht in die Hände, dass es in Bayern den Brauch gibt, in dieser Zeit Ställe auszuräuchern und damit schlechte Energien zu entfernen und gute einzuladen. Wir dachten uns: Es kann kein Zufall sein, dass ständig dieser Bericht unsere Bahn kreuzt, und so beschlossen wir, das Haus abzuräuchern. Schon nach zwei Tagen drängte sich mir förmlich der Zwang auf, den Keller auszuräumen, und so geschah es auch. All das dunkle, schwere Zeug trat den Weg zur Müllhalde an, und das war ein richtig gutes Gefühl. Aber was passierte dann?

Wir hatten uns schon vor einiger Zeit dazu entschlossen, dem Haus Umbaumaßnahmen angedeihen zu lassen. Die Matrix unterstützte uns hier nun ganz eifrig, indem in der Schmutzschleuse zwischen Wohnung und Stall ein Regal und in der Speisekammer ein alter Stauschrank von der Wand brachen. Auch so einiges andere, das später dem Umbau sowieso zum Opfer fallen sollte, machte sich schon im Vorfeld selbstständig. Das meine ich damit, wenn ich sage: Sind die modrigen Energien weg, fehlt dem alten Kram auch die Stütze, die ihn am Leben hält, und das würde auch bei einer so kollektiven Einrichtung wie dem Weltwährungssystem Früchte tragen. Schon lange, bevor es dort zu erkennbaren Veränderungen kommt, wird die Reinigung sich bei dir bemerkbar machen. Die eigene Energie ist eben viel schneller und effektiver zu bearbeiten als die kollektive.

Noch einmal zurück zum Thema. Das Weltwährungssystem ist eine kollektive Einrichtung. Alle Menschen dieser Welt haben an der Gestaltung mehr oder weniger bewusst mitgewirkt. Auf menschlicher Ebene können wir da nicht viel ausrichten, außer protestieren und uns dagegen auflehnen. Proteste aber richten den Fokus aufs Negative und auf das, was wir *nicht* wollen, und so würden sie das System am Leben erhalten. Eine tiefgreifende Änderung kann nur auf der kollektiven Energieebene stattfinden. Wer weiß, vielleicht schafft das Lichtkonto das ja eines Tages, und du bist ein Teil davon. Zu erwarten wäre dann ein komplett anderes Geldsystem, das frei von Unsicherheit, Mangel und Machtlosigkeit ist und für jeden Menschen genug Geld zur Verfügung stellt.

Ein Hirngespinst?

Entscheide selbst, nachdem du dieses Buch gelesen hast!

Kapitel 3

Destruktive Kopplungen an Geld

Interessiert es dich, wie es mir so ergangen ist in meinem Leben? Vielleicht denkst du ja, dass jemand, der auf diese Weise das Thema "Reichtum" anpackt, auf der goldenen Seite des Flusses geboren wurde, während auf der anderen Seite (auf deiner???) die Baracken stehen. Nun, dann lass dich mal überraschen, denn um das Lichtkonto ins Leben rufen zu können, habe ich richtig viel (Lehr)-Geld bezahlt. Aber lies doch selbst ...

Mein wirklicher Lehrberuf: Pleitegeier

Eines hab ich in meinem bisherigen Leben richtig tiefgehend gelernt, sozusagen von der Pike auf: Wie es *nicht* funktioniert, reich zu werden. Ich habe richtig viel ausprobiert, das kannst du mir glauben - mit dem Effekt, immer wieder auf die Nase zu fallen. Jedes "Fallen" hatte ich aus eigener Tasche mit einer 4- bis 5-stelligen Summe subventioniert.

Was Mangel bedeutet, das haben mir meine Eltern immer wieder wunderbar vorgelebt. Nun, sie hatten eben auch ihre Kopplungen und wussten es nicht besser, und ich habe es übernommen. Das, was ich nicht freiwillig und im besten Wissen und Gewissen übernahm, bekam ich ordentlich und perfekt bis in den Kern meiner Zellen eingebimst.

Damals, als meine Eltern mich aufpäppelten, gab es noch kein Kindergeld, und sie mussten das Aufwachsen von mir und meinem Bruder alleine und ohne staatliche Hilfe finanzieren. Das hatte bei ihnen, die ohnehin nicht so viel hatten, wie sie es sich gewünscht hätten, den Vorsatz gebildet: Wenn *der* (Dietmar) mal Geld verdient, dann wird er gefälligst zurückzahlen, was er hier und jetzt so wegputzt. Damit das auch wirklich, wirklich klappte, hatten sie sich mächtig auf die Hinterbeine begeben und mir als Überraschung für den Schulabgang einen Job bei der Post besorgt (über einen Kumpel von Paps und über meinen Kopf hinweg), weit weg von der elterlichen Wohnung, damit ich nur am Wochenende daheim sein konnte. Die paar Kröten, die ich damals verdiente, musste ich abliefern. Mit einem Teil davon bezahlten sie mir die Billigunterkunft in Frankfurt, und ich erhielt auch etwas Essensgeld, das für ca. zweieinhalb bis maximal drei Wochen reichte. In der vierten Woche hungerte ich. Meist aß ich dann trockenes Brot mit Maggi oder Senf drauf. Ich hielt ihr Vorgehen sogar für okay. Ich kannte es einfach nicht anders, als dass meine Eltern an Mangel litten, und war überzeugt davon, dass sie mein Geld brauchten. Zwar hatte ich meine Einwände zu dieser Schulabgangsüberraschung angebracht – ich wollte entweder auf die

Schauspielschule gehen oder studieren -, aber diesen Einwänden waren meine Eltern mit blumigen Worten und eindeutigen Handbewegungen - unter Verzicht auf pädagogisches Feingefühl - begegnet.

Wie sollte sich da bei mir Fülle einstellen? Diese - finanziell betrachtete - dunkle und schwere Situation änderte sich nämlich erst, als mein Vater starb. Da war ich 21 - und 21 Jahre sind eine lange Zeit, um auf Mangel gedrillt zu werden.

Mit dem Mangel ging natürlich auch die Machtlosigkeit einher, die Machtlosigkeit, an meiner Situation etwas zu verändern. So gewöhnte ich mich daran, dass es wohl so sein müsse, dass unsere Familie keine "Geldleute" waren. Und "Geldleute" gab es definitiv. Das lebte mir mein damals bester Freund Walter vor. Er hatte einen reichen Onkel im Ort, ich nur eine betuchte Tante in der Ferne. Der Onkel schob Walter immer wieder mal etwas zu, das dieser in meiner Anwesenheit breit grinsend einzustecken pflegte. Ob er genauso breit grinste, wenn ich nicht dabei war, kann ich nicht mit Gewissheit sagen.

Obendrein hatte die beste Freundin von Walters Mutter eine Kneipe. Natürlich wurde dieses Etablissement zu unserem Stammlokal. Und warum? Genau! Walter soff am Wochenende gratis, und ich bezahlte, was ich trank, selbst. Der Mangel war mir allgegenwärtig und sorgte fleißig für Situationen, die ihn mir spiegelten. *(Dass diese Gratisaktionen von allen Seiten auch Walter ein paar Kopplungen anpappten, wurde mir erst später klar. Dann nämlich, als ich erkannte, dass er sich zu einem notorischen Schnorrer entwickelt und sich darauf spezialisiert hatte, sich überall gütlich zu tun, ohne dafür zu bezahlen! Dieses zwanghafte und sehr anstrengende Verhalten beendete unsere langjährige Freundschaft.)*

Ende der 1960er Jahre - da war ich 13 - spielten meine Eltern mir obendrein ein bühnenreifes Laientheaterstück vor, in dem sie mir einredeten, ich hätte 1000 D-Mark verloren, eine Unsumme, die ich in den langen Sommerferien wieder zu erarbeiten hatte. Erst viele Jahre später kam ich dahinter, dass sie mich damals dazu benutzt hatten, die Urlaubskasse auf Hochglanz zu schmirgeln, aber da war es schon zu spät. Mit dieser Posse kam nämlich ein großes Paket an Unsicherheit zum Mangel - ich hatte offenbar ja einen Haufen Geld verloren - sowie der Glaubenssatz: Arbeit bringt nichts ein. Denn sechs Wochen lang Nikolausruten am oberen Ende gerade zu stutzen, das machte echt so viel Spaß wie Marmelade mit der Schippe zu schaufeln. Ich musste außerdem in den (Sommer!!!-)Ferien arbeiten, was ich nicht wollte, später einen Beruf ausüben, der keinen Spaß machte, und einbringen tat das alles nichts, weil ich das Geld ja abliefern musste.

Der festgezurrte Glaubenssatz, dass redliches Arbeiten nichts einbringt, hatte mich nach Papas Tod dazu bewegt, mich endlich auf das zu konzentrieren, was mir gefiel, also auf das Gegenteil von Arbeit. Ich wollte mit Spaß an meinem Tun schnell reich werden. Ich lernte, Schlagzeug zu spielen (das lag mir sehr und dauerte daher nicht lange, bis ich richtig gut war), und gründete eine Band nach der anderen. Aber, egal wie gut wir waren, es reichte nie dazu, groß rauszukommen. Es war schwer, die richtigen Leute zu finden, bei denen es auch untereinander klappte, und als wir es einmal fast geschafft hatten, einen Plattenvertrag an Land zu ziehen, da verkrachten sich die Bandmitglieder und alles ging von vorne los. Irgendwann hatte ich darauf keinen Bock mehr, und mein Schlagzeug fand einen anderen Liebhaber.

Das Nächste, was ich versuchte, war eine Konzertagentur, was ein Reinfall in fünfstelliger D-Mark-Höhe war. Danach kamen Beteiligungen an zweifelhaften Investitionen bis hin zu Pyramidensystemen hinzu (das funktioniert nur für wenige und ist moralisch verwerflich) sowie MLM, wo ich ebenfalls kläglich versagte. Gelder, die ich hin und wieder als Abfindungen einstrich, verpufften - zack, sie waren weg.

Abb. 3: Little Drummer Boy Dietmar

Nach einem Technikstudium (endlich: Studium) trieb ich mich weltweit als Videoingenieur in der Film- und Fernsehindustrie herum, und 1996 wurde ich sogar zu den Sommer-Olympics nach Atlanta bestellt, um technischen Beistand zu leisten. Mein Job führte mich in Film-, TV- und Nachbearbeitungsstudios, und dort machte ich mir echt einen Namen. Das monatliche Einkommen wuchs und wuchs, aber es gelang mir nicht, ein Vermögen aufzubauen. Irgendwie verschwand das Geld auf unerklärliche Weise. Wenn du mich fragst, wohin, dann kann ich das noch nicht einmal sagen. Auf meinem Konto ist es jedenfalls nicht.

Als ich mein Lichtkonto einrichtete und mir vorher eine Liste der verlorenen und verschwendeten Gelder machte, da wurde mir bewusst, wie hoch die Verluste in Wirklichkeit waren, die ich im Laufe meines Lebens eingefahren hatte: Weiiiiiit über 100.000 Euro - und da ist das Geld, das ich zu Hause abliefern musste, noch nicht mit eingerechnet.

Natürlich wurde es mir immer klarer, dass da etwas mit meiner Finanzenergie nicht stimmte, und ich bildete mir die Meinung, den Geldfluss zu mir umleiten zu können, indem ich einfach die Erlebnisse aus dem Elternhaus auflöste. Ich arbeitete also hart an mir, um das zu erreichen, und es war ein langwieriges, schweres und tränenreiches Unternehmen. Aber ich schaffte es und kann heute ohne Groll und mit liebevollen Gedanken an meine Eltern denken.

Geld hat das jedoch keines eingebracht.

Da mein Pech in Sachen Geld einfach nicht aufhörte, beschloss ich eines Tages, Finanzseminare zu besuchen. Ja, genau, das musste es sein. 'Wenn du einen Coach hast, dann klappt das mit dem Geld', war meine Überlegung. Ich lernte daraus, dass die Seminare Geld kosten, aber nicht wirklich etwas bewegen. Und was ich außerdem noch daraus mitnahm, war: "Eingeübte" Überzeugungen, zum Beispiel jene, die man zum Zweck einer Zielerreichung einstudiert, kreieren keine Realität. Der Grund dafür ist, dass es die Überzeugungen anderer sind, die man für sich übernehmen möchte, ohne dass sie durch Erfahrungen und somit für den Verstand nachprüfbar entstanden wären.

Ein anderer Grund, warum die Seminare mir nicht halfen, ist: weil sie keine Kopplungen auflösen - zumindest jene Seminare nicht, die ich besucht habe, denn sie arbeiteten vor allem mit Symbolen. Ja, okay, sie gingen auch auf Glaubenssätze ein und versuchten, diese bei den Teilnehmern ans Licht zu holen und aufzulösen. Aber was bringt das, wenn die Kopplungen an Unsicherheit, Mangel und Machtlosigkeit in Bezug auf Geld die Oberhand behalten? Das Bewusstmachen von Glaubenssätzen löst keine Kopplungen auf. Anders herum wird da schon eher ein Schuh draus. In vielen solcher Seminare wird also gerne mit Symbolen gearbeitet. Diese Symbole sollen dann helfen, Geld anzuziehen.

Hierzu ein paar Beispiele:

- Habe immer einen 1000-Mark-Schein (bzw. heute einen 500-Euro-Schein) in der Geldbörse. Das lenkt deinen Fokus auf Reichtum. Ja, du fühlst dich reich, wenn du in deine Geldbörse schaust. Jeder Reiche hat immer mindestens 500 Euro im Portemonnaie, die er nie anrührt, oder höchstens dann, wenn irgendwo ein Schnäppchen auf ihn wartet, um sofort zuschlagen zu können (als ob Reiche keine Kreditkarten dabeihätten - für das Schnäppchen, meine ich). Ich hatte also diese Summe im Beutel, aber vermehrt hat sie sich dadurch nicht.

- Der große Schein soll obendrein deine Unsicherheit in Bezug auf Geld auflösen. Du signalisierst dem Universum: "Hier, schau, ich hab keine Angst, dass ich ihn verliere." Und das soll bewirken, dass du dich im Umgang mit Geld sicher fühlst? Wohl bekomm's! Es könnte nämlich auch Unschönes damit passieren: Du zeigst der Matrix, dass du nicht sparen willst (du hast das Geld ja zum Ausgeben dabei – für das Schnäppchen eben), und so geht es weg, so wie es bei mir war. Vielleicht kommt daher der Spruch: "Der Schein trügt!"

- Trage nur Markenkleidung, hatten sie uns gepredigt. Alle Reichen tun das. Ein Reicher würde im Boden versinken, wenn der Wind seine Krawatte umdrehen und auf der Rückseite das Label eines Warenhauses sichtbar werden würde, hieß es in einem der "Coachings", falls man das so nennen kann. Da frage ich mich echt: Hat der Reiche so wenig Selbstbewusstsein, dass er mit einem Schlips von der Stange im Boden versinkt? Zieht er den teuren Binder also nur wegen der anderen Menschen an? Armer Reicher!

Wie dem auch sei: Ich habe mich eingekleidet. Teuer. Aber nicht komplett, sondern nur mit einer fast unbezahlbaren Jeans (für meine damaligen Verhältnisse) und ein paar Markenschuhen, die heute, nach 16 Jahren, so unsagbar bequem und noch total gut in Schuss sind. Meine Partnerin sieht das zwar anders, aber das ist Ansichtssache. In der teuren Kleidung fühlte ich mich zwar wohl, aber reich hat auch die mich nicht gemacht, denn für die meiste Zeit hing sie im Schrank, damit nichts dran kam. Ich holte sie nur zu besonderen Gelegenheiten hervor. So kreierte ich mir mit dem Kauf der angeratenen Kleidung - was wohl? Mangeldenken: Nur nichts dran kommen lassen, noch so ein Outfit kann ich mir nämlich nicht leisten.

Ein weiteres Beispiel, das ich während eines Seminars in der Schweiz erleben durfte, bezog sich auf den Glaubenssatz: Geld ist schmutzig. Der Glaubenssatz sollte allen Ernstes dadurch eliminiert werden, dass wir an Geldscheinen leckten, um festzustellen und dem Universum zu demonstrieren, dass wir diesem Glaubenssatz keine Kraft mehr geben. Also, liebe Leute: Die Geldenergie ist *nicht* schmutzig, Geldscheine sind es *wohl.* Obst und Gemüse vom Markt waschen wir in der Regel ja auch, bevor wir es verzehren, und empfinden jene Nahrungsmittel als solche auch nicht als Dreck. Unter den "Finanzexperten" finden sich leider auch viele Scharlatane, die das schnelle Geld wittern, denn die Zielgruppe ist groß. Da Unsicherheit, Mangel und Machtlosigkeit so unschöne Kopplungen sind, kann man den Menschen, die darunter leiden, leider auch viel erzählen. Sie ergreifen diese vermeintlichen Strohhalme. Es ist so ähnlich wie mit den vielversprechenden Mittelchen, die Haare auf Glatzen wachsen lassen. Wer zu seinem eigenen Vorteil anderen solchen Blödsinn verzapft, der muss irgendwann mit den Früchten davon klarkommen.

Ich bilde nun gerade einen weiteren Glaubenssatz, nämlich jenen, dass diese drei Beispiel ausreichen, um zu erklären, dass viele "Reichmach-Seminare" sich sehr auf Symbolik konzentrieren und vielleicht gar allen Ernstes meinen, damit etwas bewirken zu können. Vielleicht ist es den Anbietern solch katastrophal konstruierter Methoden auch egal, ob sie funktionieren oder nicht. Das kann ich nicht beurteilen.

Aber was soll die Symbolik bewirken?

Wenn Symbole solch tiefgreifende Veränderungen bei einem Menschen bewirken könnten, dann wäre es jedem gegeben, Sheriff im Wilden Westen zu sein, ohne sich mit Waffen auszukennen und ohne jemals jemanden verhaftet zu haben. Einfach nur, indem er sich einen Sheriffstern anheftet. Oder bist du ein guter Kämpfer und kannst es mit jedem aufnehmen, ohne dir dabei in die Hose zu machen - nur indem du dir einen Schwarzgurt umbindest?

Nein - und ich kann mir gut vorstellen, dass du das auch nicht so siehst.

Um ein standfester Sheriff zu sein, musst du zuerst zu einem werden, und um ein Kumite erfolgreich zu bestehen, brauchst du eine jahrelange Kampfausbildung. Das bedeutet:

Du musst erst zu dem werden, was du sein willst.

Um den Geldfluss zu dir zu ziehen, musst du erst im Inneren reich sein, und das funktioniert nicht, indem du Symbolik verwendest (mehr Schein als Sein, du kennst das). Symbolika sind äußere Mittel. Um wirklich etwas zu bewegen, ist es unumgänglich, die drei Kopplungen Unsicherheit, Mangel und Machtlosigkeit in Bezug auf Geld aufzulösen.

Erst dann erkennst du deine eigene innere Fülle, strahlst sie aus und ziehst Geld an, wenn du deine Aufmerksamkeit entsprechend fokussierst. Der Grundsatz "**innen wie außen**" kommt dann zum Tragen, und was das bedeutet, kannst du in Kapitel 10 nachlesen. Vielleicht wird dir bei der Lektüre so richtig bewusst, was "innen wie außen" für deine Realität bedeutet und wie du es für dich gewinnbringend einsetzt.

Die Krönung

Bevor wir uns deine Geldenergie anschauen, hier noch ein sehr beeindruckendes Beispiel aus meinem Leben, allerdings eines, das ich wirklich niemandem wünsche.

Im November 2016 hatte sich die Steuerfahndung mit einem miesen Trick Zugang zu meinem Haus verschafft. Ich wurde gleichzeitig von neun (!) Leuten besucht. Zwei davon waren Polizisten. Der Häuptling des Einsatzes und eine "Dame" von der Betriebsnachverfolgung (BNV) des zuständigen Finanzamts drängten mich nach ihrem unaufgeforderten Zutritt und einem kurzen "Guten Tag, Steuerfahndung" auf meine Couch, nahmen ungefragt auf meinem Mobiliar Platz und händigten mir ein Schriftstück des Gerichts aus mit den Worten: "Sie werden der Steuerhinterziehung **verdächtigt**. Ob Sie ins **Gefängnis** müssen oder mit einer **Geldstrafe** davonkommen, hängt von den kommenden Ermittlungen ab." Das heißt, ich war bereits schuldig, *bevor* es auch nur den Hauch eines Beweises gegen mich gab. Anschließend zwang man mich, meinen PC hochzufahren und alle Passwörter rauszugeben. Dann zogen sie Kopien von meinen Festplatten, um sie später nach Hinweisen durchsuchen zu können. Das dauerte zwei Stunden. In der Zwischenzeit landeten all meine Ordner in großen Wannen, wurden sämtliche Räume und mein Auto durchsucht und Sticks mitgehen lassen. Auch meine Privatsphäre musste ich opfern, bevor der Verein wieder abzog und mein Haus total abgespeckt zurückließ. In den folgenden Tagen erfuhr ich von meinem Steuerberater, dass mich jemand wegen Steuerhinterziehung angezeigt hatte und dass auch sein Büro auf den Kopf gestellt worden sei.

Es dauerte ein paar Monate, bis sich diese BNV-Dame wieder bei mir meldete. Ich bekam eine ausgedruckte Excel-Tabelle hingeknallt, die

1. nach Beträgen, anstatt nach Zahlungseingängen sortiert war,
2. mit unrichtigen Datumsangaben aufwartete und
3. etliche, mit Sicherheit 25 % der Einträge doppelt bis vierfach (!) enthielt.

Meine Bitte, mir die Liste sortiert zuzusenden und mir meine entwendeten Kontoauszüge zurückzugeben, damit ich alles dokumentieren könne, wurde nicht gehört, was mir eine gezielte Stellungnahme zur Sache unmöglich machte. Trotzdem konnte ich nach langem Suchen und Vergleichen belegen, dass die BNV einen Riesenfehler machte und ich keine Schuld hatte.

Doch das Finanzamt gab nicht auf. Nach dieser Schlappe wollte es von mir 50.000 € Steuernachzahlung für vier Jahre, weil ich als Heiler nur Geldeingänge auf meinem Konto angegeben hatte und keine Bareinnahmen versteuerte. Sie unterstellten mir, dass ich diese unterschlagen hätte. Mein Steuerberater, ein Ex-Finanzbeamter in hoher Stellung, sagte dieser Frau dann auf den Kopf zu, dass die Steuerfahndung nichts gegen mich gefunden hätte und sie nun auf diese Weise doch noch einen Mehrwert aus der Angelegenheit ziehen wolle. Zwar kam kurz darauf noch ein Vollstreckungsbescheid, aber dem konnte ich widersprechen, und danach hörten wir ein volles Jahr nichts mehr von der BNV.

Nach diesem Jahr des Schweigens und der Besinnung (auf Seiten der Steuerfahndung) bekam ich Post vom zuständigen Finanzamt. Hier wurden nun von einer ganz normalen Finanzbeamtin meine Steuererklärungen für die vier strittigen Jahre unter die Lupe genommen. Nach etlichen Einsprüchen meinerseits, in Verbindung mit den entsprechenden Beweisen, wurde die Akte am Ende gegen eine Zahlung von 3.000 € an die Finanzkasse geschlossen. Zwar muckte die Steuerfahndung noch einmal auf und wollte ihre Akte nur gegen Zahlung einer Geldbuße von 600 € schließen. “Dafür sind Sie dann auch nicht vorbestraft.” (O-Ton Sachbearbeiterin) Da ich darauf aber nicht mehr reagierte, trat auch auf dieser Seite Stille ein. Keine Entschuldigung, keine Information darüber, dass der Fall erledigt sei - nichts. Und das alles nur, weil ein netter Zeitgenosse anonym behauptet hatte, ich würde SÄMTLICHE EINNAHMEN am Fiskus vorbeischleusen. Allein diese Aussage müsste einen wachen Geist doch zum Nachdenken anregen, denn ich hatte ja immer brav meine Steuererklärungen gemacht. Allein das zeigte doch an, dass die Anzeige von Böswilligkeit getragen worden war.

Dieser unfassbare Aufwand, der sich absolut und durch nichts rechtfertigen lässt (die Worte meines Steuerberaters), zeigt aber zwei Dinge ganz deutlich:

1. Wenn dieser Staat eine Möglichkeit wittert, seine Einnahmen zu erhöhen, dann nimmt er sie wahr, und zwar um jeden Preis.
2. Das Geld wird – einem unüberschaubaren Schuldenberg zum Trotz und nicht nur in meinem Fall – mit vollen Händen rausgeworfen. Der Einsatz hat mit Sicherheit ein Vielfaches von dem gekostet, was er eingebracht hat.

Der Lerneffekt

So ein Stress trotz Lichtkonto? Ja, aber ich war wohl noch nicht fertig mit der Arbeit an mir. Da war noch etwas tief Verborgenes, an das ich noch nicht rangekommen war, und das Universum schickte mir diesen fetten, vier Jahre lang dauernden Hinweis.

Aber hey – wie gut das Lichtkonto doch funktioniert: Mit meinen Meditationen schaffte ich es immer wieder, die Gefahr zu bändigen. Ja, ich hatte zu früh aufgehört, so dass der Stress nach einem Jahr der Ruhe wieder aufkeimte. Selbstverständlich durchlebte ich in dieser harten Zeit viele Emotionen, von Wutausbrüchen über absolute Niedergeschlagenheit bis zu höchsten Glücksgefühlen, aber am Ende wurde die andere Seite immer kleiner, immer umgänglicher (wenn auch nicht unbedingt netter) und zum Schluss löste sich alles in Wohlgefallen auf.

Diese Angelegenheit hat mich sehr stark gemacht, weil ich dadurch gelernt habe, dass auch die größte Bedrohung ihren Schrecken verliert, wenn man die Zügel in der Hand behält. Hätte ich nur reagiert, dann wäre ich nun um 50.000 € ärmer, ohne die Strafe, die sie mir obendrein noch aufgebrummt hätten. So aber habe ich mich selbst immer wieder mit den Meditationen runtergeholt, habe Filter geputzt und Blickrichtungen korrigiert und bin obendrein in die Ruhe gekommen, um dem Moloch selbstbewusst und bestimmt die Stirn bieten zu können.

So, jetzt bist *du* dran!

Wie steht es um deine Geldenergie?

Was verbindest du damit, wenn du an Geld denkst? An viel Geld, an richtig viel. Nicht nur so ein bisschen, damit du satt wirst und Auto fahren kannst.

Nehmen wir einmal an, du denkst positiv über Geld und bist schon so weit, dass Aussagen wie *Geld stinkt* oder *Wer reich ist, dem trau ich nicht* und dergleichen in deiner Wahrnehmung keinen Platz haben - oder zumindest nicht mehr. Du weißt, dass Geld, wie alles andere auch, positiv oder negativ sein kann. Es kommt nur auf dich an, was du damit machst, ob du es anderen stiehlst, sie übers Ohr haust oder erpresst. Oder ob du deinen Reichtum einsetzt, um die Welt zu verbessern und den Menschen zu helfen - sag ich jetzt einfach mal so. Du denkst also freudig an Geld, und ich bin mir ziemlich sicher, dass reiche Menschen, die mit ihrem Geld glücklich sind (das ist nicht zwingend der Fall), ihren

Reichtum als FREIHEIT empfinden. Zwar haben sie auch ihre Probleme, aber andere als Menschen mit wenig Geld. Heute springt die Yacht nicht an, morgen ist der Koch krank und ab übermorgen stehst du ohne Chauffeur da, weil er in Rente geht. Alles recht unschön. Trotzdem sind glücklich-reiche Leute frei wie die Adler, ja, sie sind sogar befreit von den unschönen Kopplungen an Geld, die leider die meisten von uns in ihrem Griff haben. Um diese Kopplungen geht es im weiteren Verlauf dieses Kapitels.

Anstatt Kopplungen aufzubauen, sollte das Schulsystem, jene Institution, die uns vergeblich etwas fürs Leben beibringen möchte, den Kindern das zeigen, was sie später mal wirklich pusht und erfolgreich macht. Stattdessen wurden und werden wir alle über einen mehr oder weniger langen Zeitraum mit Bestrafungen, Negativkonditionierungen, mit fragwürdigen Richtlinien und Gesetzen in eine Bahn gezwängt, die nur in eine Richtung fährt: dass du zum Wohle der Gesellschaft bestmöglich funktionierst. Dabei werden unsere neuronalen Netzwerke über locker 20 Jahre hinweg so fest verdrahtet, dass ein Abspringen zum Zwecke der Ich-Findung alles andere als leicht ist.

Hauptsache, wir fügen uns möglichst unauffällig in die Masse ein und bleiben kontrollierbar. Dabei wäre es für die schulische Institution so einfach, Kinder bereits frühzeitig auf den ertragreichen Umgang mit Geld zu konditionieren. Möglicherweise ist das aber gar nicht gewollt, denn zu viele Reiche hätten zu viel Macht, und das kann der Staat nicht gebrauchen. Es ist aber auch gut möglich, dass unser Bildungs-

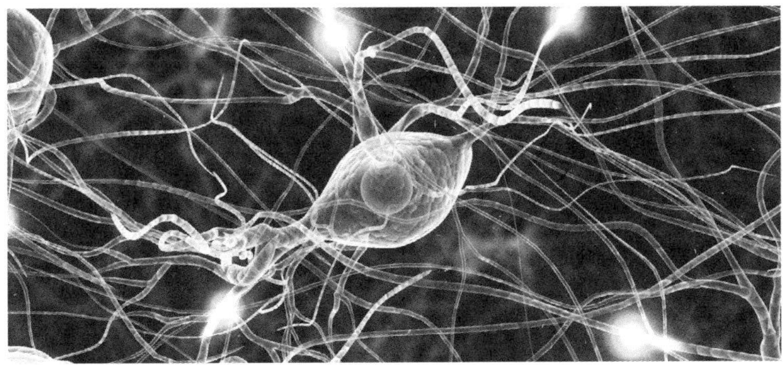

Abb. 4: Neuronales Netzwerk

system (und natürlich auch das anderer Länder) selbst keine Ahnung von der Energie von Reichtum und Fülle hat, und so tummeln sich die meisten von uns in Sachen Geld auf den unteren beiden der drei Ebenen.

1. **Auf der untersten Ebene,** die sich dunkel, eng und schwer anfühlt und die äußerst existenzbedrohend wirkt oder, wenn du mit den knappen Zuwendungen vom Staat zufrieden bist, dir so richtig auf die Ketten gehen kann. Hier musst du um jeden Cent betteln, deine finanzielle Situation offenlegen und Formulare ausfüllen, Formulare ausfüllen, Formulare ausfüllen. Selbst wenn du in Urlaub fährst, darfst du das dem Amt mitteilen, brauchst sein Okay, und wie lange du fährst, bestimmst nicht du, obwohl du ja eigentlich genug Zeit hättest! Kein Wunder, wenn du auf dieser Ebene resignierst und echt keinen Bock mehr drauf hast, die Lage zu verändern (weil du dagegen ja offenbar machtlos bist). So driften die Bewohner der ersten Ebene oft immer tiefer in die Sinnlosigkeit des Lebens hinein, ohne Chance, ihren Lebensplan auch nur annähernd zu erfüllen.

2. **Auf der zweiten Ebene** finden wir jene, die ihr Auskommen haben und an einer gedachten Einkommenslinie leben. Ihnen steht eine gewisse Geldmenge zur Verfügung, aber wenn diese Grenze mal überschritten wird - durch Erbschaft, Lottogewinn und dergleichen -, dann arbeitet das Unterbewusstsein auf Hochtouren, um die alte Linie wieder zu besiedeln. Mit anderen Worten: Die überschüssige Kohle geht flöten. Wird diese Linie aber maßgeblich *unter*schritten, dann kommst du in die Pötte, denn auch in diesem Fall soll der alte Zustand ja wiederhergestellt werden. Ist dieser erreicht, dann ist das Unterbewusstsein zufrieden. Auf dieser Ebene lebst du also gewissermaßen mit einem Limit, das zu erhöhen äußerste Kraft kostet und für viele einfach nicht machbar ist. Unmöglich ist es indes nicht. Letztendlich gewöhnst du dich vielleicht an den Standard, den du erreicht hast, und oft ändert der sich das ganze Leben lang nicht.

3. **Oben, auf der dritten Ebene,** da treffen sich die Reichen, wobei ich den Begriff "reich" nicht an einer Summe festmachen möchte. Warum, das wird in den Lichtkonto-Workshops deutlich. Aber selbst, wenn du hier oben eigentlich gut leben kannst, so hat die dritte Ebene für viele auch ihre Schattenseiten. Wenn du genug Geld hast, findest du dich fast immer im Schutzmodus wieder (ich will mein Geld behalten, und wie lege ich es am besten sicher an?), oder es reicht angeblich nicht und muss immer mehr und mehr werden. Die Gier tritt auf den Plan oder der Zwang, die oder der Reichste im Land zu sein.

Das Ego macht es gut möglich, dass viele Reiche an diesen Problemen leiden.

Um dich von der ersten Ebene zu befreien, ist es notwendig, ins Tun zu kommen, etwas zu unternehmen, wofür du bezahlt wirst, damit du wieder an den Geldfluss und deinen Selbstwert glauben kannst. Es ist wichtig, den selbst erschaffenen Geldfluss wahrnehmen zu können, denn dann kann er sich auch aufbauen. Sozialleistungen haben nichts mit Geldfluss zu tun. Es sind eher Almosen. Und was passiert z. B. mit Vögeln, die Almosen erhalten - also gefüttert werden, wenn kein Schnee liegt? Sie verlieren ihre Selbstständigkeit und verhungern womöglich, wenn die Almosen ausbleiben. Wenn du keine Arbeit findest, dann tue etwas, das dir Spaß macht und womit du dich identifizieren kannst, gib deinem Leben damit einen Sinn und bringe auf diese Weise den Geldfluss in Schwung. Du wirst erkennen, dass es deinen Selbstwert steigert. Allein das ist schon Gold wert.

Wenn du die zweite Ebene bewohnst, dann ist zumindest die Existenzangst abgehakt, und du kannst dein Leben in Wohlstand auf- und ausbauen. Dazu ist es wichtig, dass du weniger ausgibst, als du verdienst.

Logisch?

Immerhin gibt es genügend Menschen, die auf Pump kaufen, und Geschäfte und Versandhäuser locken mit anscheinend unschlagbaren Angeboten. Kaufe jetzt, bezahle später. Aber hast du dir schon einmal überlegt, was wirklich geschieht, wenn du das tust? Du lässt dir etwas aushändigen, das dir nicht gehört, und machst dich damit erpressbar. Überlege einfach einmal, was passiert, wenn du nicht bezahlst oder nicht mehr bezahlen kannst. Dann wirst du erpresst:

Entweder die Flocken sind bis zum 10. bei uns auf dem Konto oder ... Erpressung eben! Wenn “Erpressung” dir zu scharf klingt, dann nenne es “Stress”.

Wie auch immer: Verdiene und spare dir das Geld für eine Anschaffung erst einmal zusammen, und dann kannst du dir etwas leisten. Es ist ein wunderbares Gefühl, nicht erpressbar zu sein, und es erspart dir das schlechte Gefühl, das dich bewohnt, wenn du für etwas bezahlst, das du schon lange abgelebt hast - einen Urlaub zum Beispiel.

Solltest du dich auf der 3. Stufe befinden - dann dürfen jene der ersten beiden Stufen auch sehr gerne weiterlesen ...

Stell dir vor, du bist ein Gehirn. Bei der Geburt ist es noch recht klein. Es wächst, wird größer. Es kann aber nicht endlos wachsen, weil der Schädel es begrenzt. Und dennoch wächst es. Es gibt ja keinen Stillstand. Was passiert also? Das Gehirn strukturiert sich. Alte Zellen sterben ab, neue entstehen und so wächst das Gehirn weiter - nicht quantitativ, sondern qualitativ.

Solange wir quantitativ wachsen können, ist alles in bester Ordnung. Das macht der Körper von alleine, und wir brauchen uns nicht bewusst darum zu kümmern. Ist aber der Inflexionspunkt erreicht und wir betreten die Ebene, wo kein ausbreitendes Wachstum mehr möglich ist, dann sollte unsere Weiterentwicklung einsetzen. In der Natur entfaltet sich hier die Blüte, und in einem Unternehmen, aber auch beim Menschen, entsteht ein Hype. Das heißt: Qualitatives

Wachstum steht an, und wenn dieses nicht wahrgenommen wird, kommt es zu Stagnation oder gar zur Umkehr. Mit anderen Worten: Man schliddert in die Krise. Die Krise sieht immer bedrohlich aus. Gerne sehnt man sich dann zur alten Ordnung zurück, als anscheinend noch alles passte. Aber die alte Ordnung ist ja genau jene, die in die Krise geführt hat.

Jede Krise bietet aber auch Chancen, aus denen man lernen und wachsen kann. Man kommt zu Bewusstsein, neues (qualitatives) Wachstum bietet sich an, man kann sich entfalten und daraus seinen Nutzen ziehen.

Ist die Krise da, dann ist das ein Problem, das auf körperlicher/materieller Ebene nicht gelöst werden kann. Wenn doch, dann nur mit unmenschlich viel Kraft. Man konzentriert sich auf die körperliche Ebene und knüpft sich dabei von der geistigen Führung ab – und damit auch von der Power, die zur Problemlösung nötig wäre. Man ackert mit Tun am Problem herum, anstatt dem Sein zu vertrauen. Um eine Lösung herbeizuführen, muss das Problem also auf geistiger Ebene erkannt werden. Erst dann darf die leichte Lösung erscheinen.

Das Problem führt nach unten in die dunklen Gefilde. Die Lösung aber nach oben ins Helle. Die perfekte Lösung kommt, wenn der Vorgang auf geistiger Ebene gestaltet und mit Warten verbunden wird. Auf der geistigen, der immateriellen Ebene, schöpft man auf diese Weise 95 Prozent der Kraft für die Lösung, während auf der materiellen Ebene, dem Tun, nur noch 5 Prozent der Kraft notwendig sind. Das entspannt gehörig, meinst du nicht auch?

Wenn du genug auf der hohen Kante hast und dich als reich bezeichnest, aber dennoch ein finanzielles Problem hast, dann ist dieses offensichtlich auf der materiellen Ebene entstanden, selbst wenn es auf Kopplungen und Konditionierungen zurückzuführen ist. Der Grund ist, dass das Ich-Bewusstsein zur materiellen Ebene gehört und das Sein-Bewusstsein zur immateriellen Ebene. Da das so ist, lässt sich im Umkehrschluss behaupten: Die finanziellen Probleme von Otto Normalverbraucher gehen eher auf seine Kopplungen zurück und jene der Reichen eher auf deren Ego. Das ist nicht abwertend oder provozierend gemeint, sondern Fakt, und es bedeutet auch, dass die Geldprobleme der Reichen durch eine Bewusstseinsanhebung bereinigt werden können. Wenn du im Sein bist anstatt im Ego, verflüchtigen sich Probleme wie Verlustangst, erhöhtes Sicherheitsbedürfnis, Gier nach mehr ... von selbst. Der folgende Abschnitt über die Persönlichkeitsentfaltung geht darauf tiefer ein.

Eine kleine Beispielgeschichte zwischendurch

Bevor wir uns die sieben Stufen der Bewusstseinsentwicklung anschauen, hier eine Geschichte aus dem Leben. Sie möchte veranschaulichen, wie aus dem Ego heraus finanzielle Probleme entstehen können. Ich habe diese Geschichte selbst miterlebt. Sie betrifft einen Menschen aus meinem näheren Umfeld. Nennen wir ihn Armando.

Armando hat Versicherungskaufmann gelernt und war in seinem Job richtig gut. Um sich besser entfalten zu können, trat er eines Tages einer großen Institution bei, die sich der Vermögensberatung verschrieben hat. Mit seinem Wissen und Können arbeitete er sich schnell zum Direktionsleiter hoch und baute ein großes Team auf, dem er ebenfalls half, schnell in der Hierarchie aufzusteigen. Das machte sich auch bei seiner Provision bemerkbar. Zügig erreichte Armando seine erste Million, und er zeigte sich seinen Mitmenschen gegenüber großzügig. So weit, so gut.

Was aber passierte dann?

Die Direktion wuchs, und irgendwann erreichten Mitglieder von Armandos Team die Stufe der Direktionsanwärter. Der Schritt zur Direktion bedeutete aber, dass sie selbstständig waren und aus Armandos Provisionsstruktur herausfielen. Das galt es zu verhindern. Da ich ebenfalls seiner Direktion angehörte, erlebte ich hautnah mit, wie Armando seinen eigenen Leuten Steine in den Weg legte, wenn sie eine gewisse Stufe erreicht hatten. Das funktionierte so lange, bis zwei Direktionsanwärter im Büro auftauchten, Armando in die Mangel nahmen und sich Erleichterung verschafften. Unter Einsatz unschöner Mittel machten sie ihn mit ihrer Ansicht der Dinge bekannt.

Das hatte zwar in diesem Fall und für diese beiden Herren funktioniert - sie wurden Direktionsleiter -, bewirkte aber bei Armando keineswegs ein Umdenken. Sein Ego kannte keine Grenzen, wenn es ums Geld ging.

Armando hinterging nicht nur sein Team, sondern auch seine Kunden, die Verwandtschaft eingeschlossen. Anstatt sie ihren Wünschen und Ansprüchen entsprechend zu beraten, drehte er ihnen Versicherungen und Geldanlagen an, die vor allem seinem eigenen Geldbeutel guttaten. Als die

Börse nach dem Anschlag auf das World Trade Center weltweit bröckelte und das Vermögen seiner Kunden merklich schmälerte, da klingelten im Büro ständig die Telefone. Viele hatten Angst um ihre Anlagen, aber Armando war nun nicht mehr zu sprechen. Nicht für Menschen, die ihm sein Geld anvertraut hatten. Für Neukunden hingegen war er natürlich weiterhin offen.

Als ein mir sehr nahestehendes älteres Ehepaar mich um Hilfe bat, weil Armando ja nicht mehr erreichbar war, kündigte ich auf deren dringliche Bitten hin ihre destruktiven Anlagen in DAX-Werte und begrenzte so die Verluste. Als Armando das mitkriegte, verwies er mich NICHT des Büros, sondern bezichtigte mich bei der Geschäftsleitung des Betrugs. Letztendlich war sie es, die mich aus dem Kreis der Vermögensberater entfernte. Dass Armando ein mieses Spiel trieb, darauf kam man in der Chefetage lange nicht. Ich darf nun gerne einmal vermuten, dass sie auf diesem Auge blind waren, weil Armando ja viel Umsatz machte und mit den obersten Bossen verkehrte. Erst 15 Jahre später bekam Armando die Direktion entzogen. Er richtete zu viel Schaden an, was auch der Geschäftsleitung stank. Zwar wurstelte er dann noch eine Weile als Vermögensberater mit, aber sein berufliches Ende war nicht mehr aufzuhalten. Heute ist Armando pleite, er ist der Spielsucht verfallen und weilt zeitweise in psychiatrischen Kliniken.

Die Stufen der Bewusstseinsentwicklung

Schauen wir uns einmal die Persönlichkeitsentfaltung an, sie führt zu mehr Bewusstsein für die Ganzheit.

Es gibt sieben Stufen der Bewusstseinsentwicklung.

1. Stufe: Hier tummeln sich noch immer ca. 20 Prozent der Menschen. Sie sind glücklich, wenn sie satt sind, ausreichend schlafen und ihren Sexualtrieb ausleben können. Mehr brauchen sie nicht zum Glücklichsein.

2. Stufe: Auf dieser Stufe sind Sicherheit und Geborgenheit die Hauptsächlichkeiten, und die Mitglieder suchen Anerkennung bei anderen.

3. Stufe: Auch die Menschen auf diesem Level der Entwicklung suchen vorrangig Anerkennung. Sie unterscheiden sich von den Wanderern auf Stufe 2 dadurch, dass sie den Kontakt und die Zugehörigkeit zu Menschen suchen, von denen sie geliebt werden. Damit gehen sie über das Bedürfnis von Sicherheit und Geborgenheit hinaus. Zusammen mit den Menschen der Stufe 2 bilden sie 65 Prozent der Inkarnierten.

4. Stufe: 8 Prozent der Bevölkerung besiedeln sie, und auch sie dürsten nach Anerkennung. Ihr Hauptmerkmal ist, dass sie Attraktivität in ihrem Tun finden, für das sie eben Anerkennung suchen.

Diese unteren vier Stufen bilden das Ich-Bewusstsein, vom Ego dominiert, und es wird dem Körper zugerechnet.

Über diesen vier Stufen gibt es eine Grenze, jene zum "Selbst-Bewusstsein", zum SEIN! Um die Grenze überschreiten zu können, bedarf es einer Umbruchphase, einer geistigen

Metamorphose sozusagen. Gelingt sie, dann kommt es zur Erkenntnis, gelingt sie nicht, entsteht Leiden. Dazu kommen wir weiter unten noch einmal.

5. Stufe: Hier findet man nur noch 4 Prozent der Bevölkerung, die ihr Glück nicht mehr in der Attraktivität des Tuns suchen, sondern in der Attraktivität im Sein. Darüber hinaus beschäftigen sie sich mit Persönlichkeitsentfaltung und erfreuen sich an ihrer Eigenständigkeit. Sie genießen Freiheit!

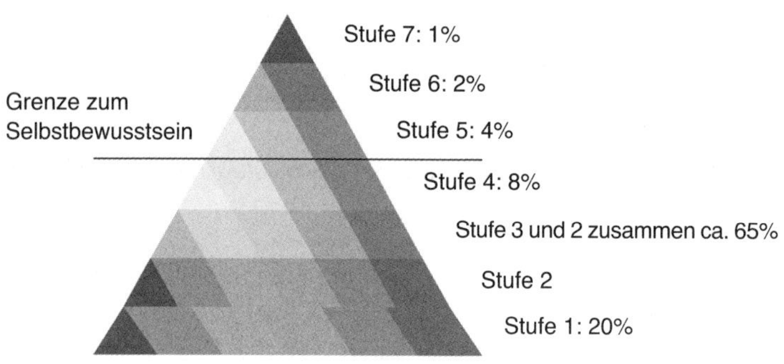

Abb. 5: Stufen der Bewusstseinsentwicklung

6. Stufe: 2 Prozent der Menschen befriedigen hier ihr Bedürfnis nach Vervollkommnung und Reife. Sie haben die Stufe erreicht, wo sie sich wie die Blüte einer Blume entfalten können, ein letzter Schritt zur Vollkommenheit, Schönheit, Pracht und Fülle.

7. Stufe: Letztendlich bleibt nur noch 1 Prozent der Inkarnierten übrig, um diese Stufe zu füllen. Sie sind vor allem daran interessiert, mit Sinn erfülltem Tun für andere da zu sein.

Die oberen drei Stufen sind der geistigen Ebene, die oberste sogar der Seele zugehörig. Mit logischem Wissen ist die Grenze zwischen der vierten und der fünften Ebene nicht zu meistern, sondern nur mit Arbeit an sich selbst. Durch geistige Metamorphose eben.

Wer die 7. Stufe erreicht hat, der

- lebt im Vertrauen ins Selbst,
- erkennt die Unsterblichkeit und dass die Seele immer lebt und
- erkennt die Verbundenheit mit allem, was ist.

Der Mensch als Ganzheit

In der Ganzheit ist die bewusste Gestaltung deines Wegs und deiner Vorhaben möglich. Alles, was lebt, ist ganz. Sowohl die Natur als auch der Mensch. Der Unterschied zwischen Natur und Mensch liegt darin, dass die Ganzheit der Natur vom Universum gesteuert wird, der Mensch seinen Weg aber mit dem Denken entscheidet. Involviert sind da leider auch die Konditionierungen und Kopplungen.

Wer nicht in der Ganzheit lebt, hat keine Ahnung davon, wie sehr seine Entscheidungen die Gestaltung seines Lebens beeinflussen. Gerne wird dann das Schicksal, das Pech, ein Schuldiger zur Erklärung herangezogen, und natürlich ist man das Opfer der Umstände. So ist es einem auch nicht bewusst, dass man nicht nur seine eigene, sondern auch die Situation in seinem Umfeld fleißig mitgestaltet.

Klar, es ist viel im Umbruch, im gesellschaftlichen wie auch im wirtschaftlichen Leben, und alles wird komplexer und immer mehr von Systemen abhängig. Da ist es schon mal schwer zu akzeptieren, dass man auch dort kollektiv seine Finger drin hat, und sei es nur durch seine Ängste und Befürchtungen. Das Gefühl von Fremdbestimmung und Ohnmacht etabliert sich. Daraus erwachsen Unsicherheit und das Gefühl der Handlungsunfähigkeit - der Machtlosigkeit also. Das Denken tendiert dann eher in Richtung Risiko, als dass es Chancen wahrnimmt. Gerade heute, in dieser Zeit ist es immens wichtig, Chancen zu erkennen und sie auch zu nutzen.

Sich als Ganzheit wahrzunehmen, bedeutet also, sich als Einheit von Seele, Geist und Körper und somit als geistig-seelisches, schöpferisches Wesen zu erkennen. Mit dieser Erkenntnis wird einem die Bedeutung des eigenen Denkens bewusst, mit dem man sein Leben gemäß seinen Gaben und Aufgaben selbstverantwortlich meistern kann. Auf diese Weise können wir in einer Umbruchphase unser Leben kompetent und aktiv zum Guten ausrichten.

In der Einheit, einhergehend mit erweitertem Bewusstsein zur Ganzheit, lassen sich neue Gestaltungsmöglichkeiten erkennen - für unser Leben, unsere Partnerschaft, für unser Vorhaben, durch Sinn erfülltes Tun für andere.

Alles ist in uns drin, genauso wie in jedem anderen Lebewesen, einem Apfelkern zum Beispiel. Uns fehlen nur Energie - wir bekommen sie von der Erde und mit dem Sonnenlicht – Wasser und Spurenelemente. Was das Fehlende betrifft, so sind wir rundum versorgt, und wir befinden uns in der Fülle.

Früher, bis vor gar nicht so langer Zeit, wirkte alles von außen auf den Menschen ein. Hier war es die Religion mit ihren Dogmen, da die Tradition und dort die Autorität (Eltern, Schule, Staat und vieles mehr). Das ließ die Menschen machtlos zurück. Heute sind wir auf dem Weg, unser Bewusstsein zu erweitern. Auf diese Weise wirken wir von uns heraus nach außen. Wir entdecken unsere Kompetenz, das Leben selbst zu gestalten. Sie ist eine Einheit aus Wollen (die Seele), Wissen (der Geist) und Können (der Körper). Diese Einheit macht uns handlungsfähig, auch in Bezug auf unseren Wohlstand.

Was uns dennoch vom Wohlstand abhalten kann

Der menschliche Körper besteht aus 140 Billionen Körperzellen. Jede einzelne ist ein Lebewesen. Sie hat eine Seele und einen eigenen Stoffwechsel sowie bis zu 10.000 biologische Abläufe. Diese Steuerung erfolgt nicht aus uns heraus. Das wäre gar nicht möglich. Eine solche Kapazität hat der Verstand nicht. Die Steuerungen laufen unbewusst ab, so wie 95 Prozent unseres ganzen Lebens; nur 5 Prozent geschehen gewollt und geplant. Aber ausgerechnet diese 5 Prozent, unser durch Kopplungen modifiziertes Denken, entscheiden, ob Heilvolles oder Unheilvolles in uns wirkt, und das, obwohl 95 Prozent der Kraft in uns positiv ausgerichtet sind.

Negative Gedanken und Emotionen wirken sofort auf alle Zellen ein und setzen das Immunsystem lahm. Eine positive Ausrichtung hingegen gibt uns Kraft. Nichts kann uns dann etwas anhaben. Das kannst du selbst feststellen.

Der Armtest

- Strecke deinen Arm waagrecht von dir weg.
- Denke an etwas Trauriges.
- Lass jemanden deinen Arm nach unten drücken.
- Wiederhole den Vorgang.
- Denke nun aber an etwas Schönes.
- Erlebe den Unterschied: die Auswirkungen deiner Gedanken und Emotionen auf deinen Körper.
- Du siehst, welche zerstörerische Macht unser Denken entwickeln kann.

Warum hole ich so weit aus?

Wenn du auf der dritten Ebene verweilst, dann möchtest du dort sicherlich deinen Wohlstand genießen. Doch wie soll das möglich sein, wenn du Angst um dein Vermögen hast, meinst, nicht genug zu haben, oder dir auf andere Weise deine Lebenslust vergällen lässt, bloß weil du reich bist und an den drei Kopplungen an Geld leidest?

"Die Module des Erfolgs" haben das Potenzial, dich vom Leiden weg zur Erkenntnis und damit auf die Seinsebene zu bringen. Die Kopplungen wurden dann bereits im Workshop gelöst, und nun bist du offen für dein Sein, befreit von Unsicherheit und Machtlosigkeit.

Auch für jene, die sich nicht auf der dritten Ebene sehen, ist der Aufbau-Workshop geeignet, denn auch für diese Leserinnen und Leser ist es von größtem Vorteil, das Tun zu verlassen und ins Sein zu kommen.

Egal, auf welcher Ebene du dich befindest: Das Lichtkonto bringt dein reines Wohlstandsbewusstsein zum Vorschein, und dann kannst du den Reichtum anziehen oder ihn, wenn du ihn schon hast, angst- und sorgenfrei genießen.

Die konditionierten Kopplungen an Geld

Kann es wirklich so einfach sein, finanziell frei zu werden? Das ist eine berechtigte Frage, denn schließlich gibt es ja so viele Reichtum-Seminare, die augenscheinlich so viel mehr leisten als das Lichtkonto, dafür aber auch nicht selten ordentlich Geld kosten. Vielleicht hast du auch schon von anderen gehört: "Dieses Seminar hätte ich mir sparen können! Jetzt hab ich auch nicht mehr als vorher!" Darauf bin ich weiter oben schon eingegangen. Ich habe selbst Finanzseminare besucht, und natürlich ist die innere Einstellung zum Geld dort ein wichtiger Punkt. Dieser wird aber meist nur an der Oberfläche berührt, d. h. es wird einem bewusstgemacht, welche Glaubenssätze in Bezug auf Geld einen vom Reichtum abhalten, z. B.:

- Für Geld muss man hart arbeiten.
- Lieber arm und glücklich als reich und krank.
- Vertraue keinem, der Geld hat.
- Geld ist schmutzig. (Geldschein ablutschen, du weißt!)
- Geld ist schlecht.
- Und vieles mehr.

Sind die Glaubenssätze ausgerottet, dann geht es darum, sich Ziele zu stecken, den Entschluss, das Ziel zu erreichen, zu festigen. Darum, wie man aktives und passives Einkommen erzielt, sein Geldgefäß installiert und dergleichen. Das ist alles schön und gut, bewirkt jedoch nichts, wenn die unschönen Kopplungen an Geld, die wir im Laufe unseres Lebens aufgebaut haben, weiter in uns schwelen und uns beim Aufbau des Wohlstands sabotieren.

Wohlgemerkt: Glaubenssätze befinden sich nur auf einem der drei Filter! Es reicht aber nicht aus, nur diesen einen Filter zu putzen - obgleich, wenn er geputzt ist, dann verblassen auch alle dazugehörenden Glaubenssätze. Die Arbeit mit dem Lichtkonto wienert alle drei blank!

Drei Kopplungen als Wurzel allen Übels

In Kapitel 2 habe ich es schon einmal kurz angerissen, um welche Kopplungen es sich dreht, nämlich:

1. Die Kopplung von Geld an Unsicherheit

Dass diese Kopplung nicht von unserer Kultur installiert wird, sondern von unserem Finanzsystem, spielt keine Rolle, denn die Auswirkungen sind die gleichen. Wir haben bereits festgestellt, dass das Weltwährungssystem mit seiner begrenzten Geldmenge diese Unsicherheit im kollektiven Bewusstsein der Menschheit installiert. Alles Geld, das uns im Lauf des Lebens durch die Finger wandert, ist nur geliehen. Es gehört uns nicht, und so geht es jedem Menschen auf der Welt. Niemand besitzt wirklich auch nur einen Cent, sondern schmückt sich mit gepumpten Scheinen. Wie sicher kann man sich da in Bezug auf Geld noch sein, wenn es einem gar nicht gehört und jederzeit abgenommen werden kann? Viele, die an der kollektiven Unsicherheit leiden, suchen ihr Glück (oder das "ihres" Geldes) in der Sicherheit, auf Sparbüchern zum Beispiel oder in einem bezahlten Job. Ein Sicherheitsbedürfnis ist natürlich die Folge mangelnden Vertrauens, aber worin soll man vertrauen, wenn man ja von anderen quasi abhängig ist?

2. Die Kopplung von Geld an Mangel

Unsicherheit ist recht eng mit einem Mangelgefühl verbunden, denn wenn es einem an etwas mangelt, fühlt man sich unsicher. Anders herum möchte man seine Sicherheit erhöhen, schafft das aber nicht und baut auf diese Weise ein Gefühl der Machtlosigkeit auf. Und als ob das noch nicht reichen würde, sorgt auch die begrenzte Geldmenge für einen kollektiv hervorgerufenen Mangel, denn wir wissen ja, dass, um das geliehene Geld den Zentralbanken zurückzugeben, mehr Geld benötigt wird als existiert. Damit stellt sich ein wahrer Teufelskreis ein.

3. Die Kopplung von Geld an Machtlosigkeit

Wer bestrebt ist, sich der Unsicherheit, dem Mangel oder gar dem Weltwährungssystem zu entziehen, findet sich schnell machtlos wieder, denn was will man dagegen tun? Klar kann man sich zusammenraufen und protestieren und mit Demos auf die fatalen Umstände aufmerksam machen. Man kann sie bekämpfen, wie auch immer dieser Kampf aussehen mag. Aber wir wissen ja auch, dass alles, was man bekämpft, stärker wird. Aktionen dieser Art würden das ungeliebte Finanzsystem mitunter sogar noch stärken.

Die einzige Möglichkeit, die uns zur Verfügung steht, ist, in uns selbst die Kopplungen aufzulösen, FREI zu werden von Unsicherheit, Mangel und Machtlosigkeit. Erst wenn das erreicht ist, kann man durch sauber geputzte Filter in die richtige Richtung blicken und das wirklich Gewollte ins Leben holen.

Übrigens: Destruktive und hinderliche Glaubenssätze in Bezug auf Geld sind ebenfalls ein Resultat von Unsicherheit und damit von mangelndem Vertrauen. Wenn du zum Beispiel meinst, Geld sei schmutzig oder Reiche seien allesamt Betrüger, dann rechtfertigst du dich damit auch gleichzeitig dafür, dass es bei dir nicht fließt und bist unbewusst sogar froh darüber, nicht zu den Reichen zu gehören. Du bist dir einfach nicht sicher, ob es gut wäre, reich zu sein.

Kapitel 4

Die Sekretärin deines Konzerns

Lichtkonto - schön und gut, hörst du dich sagen. Mag ja alles sein. Aber ist es wirklich möglich, dass Workshops und die Zugehörigkeit zu einem auf Fülle ausgerichteten Kollektiv mir zu Wohlstand und Fülle verhelfen?

Für den Fall, dass dich dieser Zweifel plagt, habe ich dieses Kapitel geschrieben, das du getrost überfliegen kannst, wenn du tief im Vertrauen ins Universum und ins Lichtkonto bist. Du kannst es natürlich auch trotzdem lesen. Es bringt dich der Funktion deiner Gehirne ein wenig näher.

Das retikuläre Aktivierungssystem - RAS

So, da haben wir's, das, worüber wir in diesem Kapitel plaudern, über das RAS. Und das Kapitel wird zusätzlich die Frage beantworten, ob unser Kurs, den wir gerade fahren, vom Schicksal festgezurrt ist oder ob wir ihn leicht und frohen Mutes ändern können. Wenn du dich gerade auf der Schotterpiste des Lebens mit vielen Schlaglöchern befindest, wäre Letzteres sicher zu begrüßen.

Der Workshop, der dich mit deinen Kopplungen konfrontiert, kommuniziert sehr eng mit deinem Unterbewusstsein. Das ist wichtig zu wissen, denn nur eine klare Verständigung mit dieser Kraft kann den Kurswechsel schaffen. Bekämpfen kannst du diese Intelligenz nicht. Sie ist ein bisschen raffinierter als dein Verstand.

Heute ist bekannt, dass nur 0,0001 Prozent der Informationen aus der uns umgebenden Wirklichkeit unser Bewusstsein erreichen. Das liegt jedoch nicht daran, dass wir zu oft tagträumen oder dass unser Verstand nicht die Kapazität hätte, um alles zu erfassen, sondern daran, dass eine Art Sekretärin, mit allen Kompetenzen ausgestattet, entscheidet, welche Informationen zum Chef (dem Bewusstsein) durchgeschaltet werden. Davon kannst du dich jetzt und sofort auf einfache Weise überzeugen.

Du bist gerade am Lesen, und dein Fokus konzentriert sich mehr oder weniger gezielt auf das, was hier geschrieben steht. Hängt ganz davon ab, wie sehr es dich interessiert. Wenn ich jetzt schreibe: *Pass auf, jetzt kommt etwas, das dich vom Hocker haut*, dann wirst du bestimmt an der Linse drehen und dich, falls möglich, noch mehr auf den Text konzentrieren. Je mehr du dich auf eine Sache einlässt, desto mehr blendet deine Sekretärin von dem aus, was sonst noch um dich herum ist, damit der Chef nicht gestört wird und voll und ganz bei der Sache ist. Vielleicht spürst du im Augenblick noch nicht einmal den Stuhl, auf dem du sitzt, und keine Geräusche dringen an dein Ohr, wenn sie nicht gerade so laut sind, dass das RAS sie nicht mehr ignorieren kann und durchlassen *muss*.

Aber auch, wenn du nicht so konzentriert bist, kannst du unmöglich alles wahrnehmen, was dich umgibt. Schon ein kleines Zimmer erlebst du mit allen visuellen Eindrücken, Tönen und Gerüchen anders als eine andere Person in deiner Nähe, weil diese eben anders selektiert als du. Das, was wir erleben, ist also NICHT DIE WIRKLICHKEIT - diese besteht aus viel mehr Informationen -, sondern nur ein extrem vereinfachtes und oft gar verzerrtes Abbild davon, ein Abbild, das so nur in unserem individuellen Gehirn existiert. Wir nehmen also nicht alle das Gleiche wahr, und das hat seinen Grund, denn das, was das RAS durchlässt, wird von unseren Filtern bestimmt.

Stell dir vor, was es mit dir machen würde, wenn in jeder Sekunde deines Lebens zwei Milliarden Infobits auf dich einströmten, in Form von Farben, Klängen, Düften, Bildern, Geschmacksrichtungen, wie sich etwas anfühlt und vieles mehr. Um das annähernd zu verstehen, gehe bitte gedanklich einmal in die Situation, dass nur fünf Leute pausenlos auf dich einreden. Die eine riecht nach Knoblauch, eine zweite nach Bier, eine weitere Person tippt dir ständig mit dem Finger auf der Brust herum. Wie lange würde es wohl dauern, bis dir der Kamm schwillt? Obendrein könntest du es nicht abstellen. Das Ende vom Lied wäre wohl eine Reise in einem recht unbequemen weißen Jäckchen.

Damit das nicht passiert, hat Mutter Natur die Sekretärin akquiriert, eine Dame mit dem schönen Namen RAS. Dahinter verbirgt sich ein neuronales Netzwerk, das sich alle Reize genau anschaut und in Echtzeit entscheidet, was gerade wichtig ist bzw. zu dir passt - und was nicht. Es arbeitet also wie die pingelige Sekretärin, die das Sagen darüber hat, welcher Anruf zum Chef durchgestellt wird - und welcher nicht.

- Von den zwei Milliarden Einheiten wird sie schon einen ganz großen Teil löschen: uninteressant, zumindest im Moment.
- Eine ordentliche Menge des übrig gebliebenen Informationswusts kriegt das RAS vielleicht nur recht verzerrt rein - "Hä? Was war das denn gerade? Okay, brauchen wir nicht, weg damit."
- Von dem kümmerlichen Rest wird nun so einiges stark verallgemeinert und deshalb durchs Raster fallengelassen, zum Beispiel: "Nachts sind alle Katzen grau." Weiß ich schon, hab ich schon, brauch ich nicht!
- Zu guter Letzt streifen 2000 Informationen deine Wahrnehmung, die du nun bewusst aufnimmst und vielleicht auch gleich wieder vergisst. Nun ist es dein Verstand, der sagt: "Will ich nicht, brauch ich nicht, hab ich schon."

Du hast mit einem Löffel Informationen aus einem Datenfluss geschöpft, 2000 Bits von zwei Milliarden erwischt und damit 0,0001 Prozent der zur Verfügung stehenden Menge. Aus diesem einen Zehntausendstel bastelst du dir mit dem Verstand deine Wirklichkeit. Wie groß unter diesen Umständen die Chance ist, dass ein anderer Mensch in der gleichen Umgebung wie du ganz andere 2000 Bits wahrnimmt und sich eine total andere Wirklichkeit bastelt, kannst du dir sicher selbst ausmalen. Eine gewisse Schnittmenge ist natürlich gegeben!

So weit ist ja sicher alles ganz einfach.

Was wäre aber, wenn die Sekretärin gezielt nur Infos durchlassen würde, die den Konzern *behindern*? Was würdest du dann als Chef unternehmen? Die Sekretärin entlassen? Oder den Konzern überprüfen, ob dort alles mit rechten Dingen zugeht?

Manche Menschen finden in jeder Suppe ein Haar, und wieder andere finden in jedem Misthaufen ein Goldklümpchen, das es zu bergen gilt. Wie das RAS arbeitet, ist ganz allein deine Entscheidung. Du kannst es sogar umschulen, damit es nur die für dich guten Infos durchlässt, aber du kannst es nicht einfach abschalten und seine Aufgaben übernehmen. Du brauchst es, denn es greift 800-mal schneller zum Telefonhörer als dein Verstand. Aber wie wäre es denn mit einer Umschulung, damit das RAS nur noch zu dir durchlässt, was DU willst?

Das ist zugegebenermaßen nicht ganz einfach, denn die Sekretärin hat einen riesigen Datenspeicher zur Verfügung, in dem sie für jede Info, die sie reinkriegt, dazu passende Bestätigungen sucht, und wenn sie diese gefunden hat: Bingo, da hat sich ja wieder etwas bewahrheitet. Darauf steht der Verstand. Das mag er total. Auf Bestätigungen fährt er so richtig ab. Es könnte also sein, dass eine bestimmte

Geldsumme dein Konto sucht und auch findet, zum Beispiel Weihnachtsgeld von der Firma. Die Sekretärin nimmt diese Info auf und lässt sie durch: "Hey, Boss, da ist Weihnachtsgeld gekommen!" Gleichzeitig durchwühlt sie aber auch ihren Datenspeicher und findet heraus: "Jetzt müsste dann ja auch bald mal eine Rechnung eintrudeln, damit wir etwas Sinnvolles mit dem Geld anfangen können ..." (Och, die arme Waschmaschine, ausgerechnet vor Weihnachten.)

Eine tiefgreifende und nachhaltige Veränderung in deinem Leben kann dir also nur gelingen, wenn du kapierst, wie deine Sekretärin tickt. Und dann: Nutze es für dich!

Das Lichtkonto ist so eine Möglichkeit, zu der du deine Sekretärin zur Schulung schicken kannst, denn dann bekommt sie für eine ganze Reihe von Wochen mal ganz andere Inputs, die sie durchlassen *muss*, weil der Chef, dein Verstand, sie ja zu diesem Kurs schickt. Nicht zuletzt wird auch ihr Vergleichsdatenspeicher auf den neuesten Stand gebracht, denn wenn du dir den Workshop richtig schmecken lässt, werden auch gewisse Bestätigungen ausgetauscht. Sobald ein unerwarteter Geldfluss bei dir eintrifft und dann noch einer und noch einer, sagt die Dame in Zukunft: "Aha, das kennen wir ja schon. Super - passt ja!" Wenn du fest daran glaubst, dass das Lichtkonto auch für dich funktioniert, wie schon für so viele vor dir, dann wird das auch eintreffen. Damit machst du dir eine andere Eigenart des Chefs zunutze: Wenn du fest an etwas glaubst, dann sucht dein RAS die Umgebung nach passenden Beweisen für deinen Glauben ab. Die findet es schon recht bald, und später kreierst du dir immer mehr davon.

Beweise, dass das Lichtkonto beachtliche Erfolge erzielt, kannst du dir in Kapitel 7 schmecken lassen. Es sind alles authentische Feedbacks, dafür stehe ich mit meinem Namen.

Deine innere Geldwaage

Stell dir vor, du besuchst ein herkömmliches Finanzseminar. Der Seminarleiter fände es ganz super, wenn du deine Erwartungen in Sachen Einkommen erhöhen würdest. Du sollst sie seiner Meinung nach möglichst hoch ansetzen, denn je höher du die Latte legst, desto wahrscheinlicher ist es, dass du dein Ziel erreichst (meint der "Seminarleiter"). "Sei bloß nicht so kleinlich", schiebt er nach, "denn wenn du nur 10.000 Euro im Monat haben möchtest, dann begrenzt du dich schon wieder. Du bist dir doch viel mehr wert, richtig?"

Das spornt dich an: "Jawohl, wäre doch gelacht. Bis Silvester verdiene ich monatlich 50.000 Euro, netto und nach Steuern. Das hab ich mir verdient." Weil es viel mehr Erfolg verspricht, Ziele schriftlich festzuhalten, schreibst du dir das sogar auf und liest es täglich durch - zumindest für 21 Tage ohne Unterbrechung, um das Unterbewusstsein auf die Summe zu programmieren.

Deine Sekretärin kriegt Wind davon und murmelt: "Ja, haben die denn was gesoffen? 50.000? Das können die knicken. Unsere Waage ist auf 1.000 Euro im Monat geeicht. Ende der Durchsage."

Ab sofort liegt sie auf der Lauer und blendet alles aus, was dir deinen monatlichen Einkommenswunsch erfüllen könnte.

Als dir ein paar Wochen später schon fast penetrant eine Supergeschäftsidee aufgedrängt wird, die dir 50.000 Euro im Monat einbringen würde, raffst du das gar nicht. Du peilst es einfach nicht, was dir da für ein Brocken zugeschoben wird, weil deine Sekretärin ihn unsichtbar macht. Und zack, Zug abgefahren, jemand anderer macht das Schnäppchen.

Dennoch bist du so voller Vertrauen in das absolvierte Seminar, dass du fest daran glaubst, dass deine Affirmationen dir helfen werden. Es ist schon wie ein tägliches Gebet, wenn du oft und voller Überzeugung sagst: "Ich streiche jeden Monat 50.000 Euro netto ein." Damit das Universum auch liefern kann, schaust du bei entsprechenden Headhuntern auf die Website. Aber du findest nichts Passendes.

Das ist blöd für das Universum, denn es will ja liefern, und so stichelt es dich an, doch mal im Lotto zu spielen. 'Hey Bingo, das isses', denkst du - und der nächste Lottoschein ist dir (oder der übernächste).

Gehen wir mal von der winzig kleinen Möglichkeit aus, dass du den Jackpot knackst, und es sind nur zwei Millionen, die dir auf deine Geldwaage regnen. Das bringt flugs die Sekretärin auf den Plan. Zwei Millionen passen einfach nicht zu den Informationen, die sie in ihrem Datenspeicher hütet. Sie macht sich an die Arbeit und organisiert Gelegenheiten, um die Überdimensionierung wieder abzuschaffen. Diese Gelegenheiten kosten dich so viel Geld, dass die Waage wieder ins Gleichgewicht kommt. Nur weg mit dem Zeug, das hat hier nichts verloren.

Es dauert nicht lange, und du reihst dich in die Schlange der ehemaligen Lottomillionäre ein, die bereits zwei Jahre nach ihrem Gewinn wieder genauso viel haben wie vorher – oder gar weniger. Dein RAS indes ist zufrieden und reibt sich die Hände: "Na also, geht doch. Alles wieder beim Alten."

Andersherum kommt die Sekretärin natürlich auch in die Pötte. Anstatt dass du Geld gewinnst, gerätst du erheblich unter dein Limit. Dann wirst du getriggert, kommst in die Pötte, machst, tust und wurstelst dich aus der Misslage heraus, bis die nette Dame sagt: "Okay, lass gut sein. Wir sind wieder in der Komfortzone. Die Waage ist ausgeglichen." Auf diese Weise hangelst du dich zeit deines Lebens an einer Stange entlang, mal drunter, mal drüber, aber nicht wirklich nennenswert von der Vorgabe entfernt. Deine Waage bleibt gerade, und zwar so, wie sie eingestellt ist.

Wenn du dauerhaft mehr Wohlstand und Fülle in dein Leben holen möchtest, dann ändere die Gewichte auf deiner Waage.

Das Lichtkonto und der Workshop, sind dafür geeignet, die Gewichte auf deiner Waage zu vergrößern. Das kommt doch glatt einer neuronalen Rekonditionierung gleich, denn deine Sekretärin bekommt ganz neue Instruktionen.

Noch ein paar Fakten zum Lichtkonto und dem RAS

Die Sekretärin, dein RAS, ist nicht unbestechlich. Das ist eine gute Nachricht, denn weil das so ist, lässt sich deine Wahrnehmung der Realität neu gestalten.

Das Leben ist so konstruiert, dass es erhalten bleibt. Entsprechend ist das RAS auf Informationen geeicht, die das Überleben sichern. Als lebenswichtig interpretierte Informationen werden vom RAS also bevorzugt behandelt. Da du der Chef deines Konzerns bist, hast du die Wahl zu deklarieren, was lebenswichtig - oder: "besonders wichtig" - ist.

Wenn du nun den Entschluss fasst: "Ja, ich will in Wohlstand und Fülle leben, und ich will das auf bequeme Art und unter Auflösung all meiner Kopplungen erreichen", dann wird die Sekretärin schon hellhörig. Und wenn du dich dann in den Workshop einklinkst, dir das - möglichst tägliche - Anhören zur Pflicht machst, dann wird das RAS deiner Waage schon mal ein paar Gewichte drauflegen.

Aber das RAS springt auch auf Neuigkeiten an. Das kannst du allein schon daran feststellen, dass du **fett Geschriebenes**, *Kursives* oder Unterstrichenes eher ins Auge fasst als den normalen Text.

Der Workshop ist für dich neu, es sei denn, du hast bei den Aufnahmen gelauscht und weißt schon, worum es darin geht. Wenn du nicht zu 100 Prozent mit der Materie von destruktiven Kopplungen an Geld vertraut bist, dann wird auch der Inhalt für dich neu sein. Alles in allem: Ein guter Start für deinen finanziellen Wohlstand.

Kapitel 5

Wie ich zum Lichtkonto kam – oder: Wie schön es ist, im Vertrauen geführt zu werden

Wenn du nun, da du dieses Buch liest, denkst, ich sei ein Geldguru: weit gefehlt. Ich war mit so vielen finanziellen Blockaden behaftet, dass die Wissenschaft mich sicher gerne als Studienobjekt hergenommen hätte, als Paradebeispiel für jemanden, mit dem das Wesen Geld einfach nichts zu tun haben möchte. Und als ich ein Jahresseminar für ein Selbstcoaching buchte, da tat ich das vor allem aus jenem Grund, finanziell endlich in die Pötte zu kommen.

Jahrescoaching?

Ja, ein Coaching mit 52 Modulen und verschiedenen Schwerpunkten. Kannst du dir vorstellen, wie es mir damit ging, dass das Thema Geld, Glück und Erfolg erst in Woche 47 auf dem Plan stand? Ungeduld stellte sich ein, aber auch die Motivation, endlich dort hinzukommen und meine Wochenaufgaben gründlich umzusetzen, damit später ja nichts anbrannte.

In diesem Selbstcoaching-Institut gab es auch ein Forum für den Austausch untereinander, für das Posten von Fragen, Erfahrungen und Tipps. Dieses Forum hatte ich reichlich genutzt, auch um festzustellen, dass das Thema Geld nicht mich alleine betraf. Und wenn ich Posts von "älteren Semestern" fand, die das Thema auf ihre Weise und mit den von ihnen bereits gelernten Techniken angingen, da machte das auf der einen Seite Mut, mich an Woche 47 heranzuhangeln, aber es nervte mich auch, weil ich eben noch nicht so tiefgreifend an mir und diesem Thema arbeiten konnte, wie ich das gerne getan hätte. Aber warten ... das war für mich auch keine Option. Und so meditierte ich über das Thema und die Möglichkeiten, was ich jetzt schon für mich tun konnte.

Nach wenigen Tagen der täglichen Meditation drängte sich mir der Begriff "Lichtkonto" auf. Na, das fühlte sich ja so was von super an. Ich blieb dran, meditierte weiter und so entwickelte sich eine Methode, die es letztendlich bringen sollte.

Wohlgemerkt: Zu diesem Zeitpunkt wusste ich noch nichts über all das, was ich später in Woche 47 zum Thema Geld erfahren durfte. Trotzdem wagte ich mich ins Forum vor und eröffnete einen Thread mit dem Titel:

Zum Thema Finanzen: Brauchst du Hilfe?
Hier kommt sie!

Ich kann mit gutem Gewissen sagen, dass dieser Thread einschlug wie eine Bombe. Viele machten sich meine Idee zu eigen und probierten sie aus. Obwohl aus heutiger Sicht noch recht abgespeckt und umständlich gestaltet – es gab viel zu lesen, zu verstehen und zu tun, aber keine Audio-Workshops -, half es vielen, ihren Fokus auf Wohlstand und Fülle auszurichten und wunderbare Erfolge zu erzielen. Die Erfahrungen derjenigen, die das Lichtkonto schon in seinen Kindertagen nutzten, kannst du in Kapitel 6 nachlesen.

Der Erfolg des Lichtkontos gab mir recht und trieb mich an, es weiter auszubauen, vor allem in jene Richtung, es effektiver und komfortabler zu gestalten, so dass ich mich gegen Ende des Coachings dazu entschloss, all mein Wissen und meine Erfahrungen in Sachen Finanzen und Selbstcoaching in einen Workshop zu verpacken. Auf diese Weise war es den Teilnehmern möglich, sich in entspannter Lage führen zu lassen, ohne etwas zu lesen, zu verstehen oder zu tun, einfach nur hören und - verinnerlichen. Okay, zu tun gibt es auch etwas, aber das hält sich in Grenzen und macht tierisch Spaß (so die Rückmeldungen zu meinem Workshop, die du ebenfalls auszugsweise in Kapitel 6 nachlesen kannst).

Eine Handvoll Leute zu Beginn

Mein Ziel war es, 50 Personen zusammenzubekommen, die beim Lichtkonto mitmachen würden. Aber dann waren es plötzlich 100, 150, 200. Ich glaube und hoffe, der Gedanke, das kollektive Bewusstsein auf eine neue, vorteilhafte Finanzenergie auszurichten, ist kein Hirngespinst mehr. Zum Workshop gibt es ja auch noch "Die Module des Erfolgs", die noch mehr in die Tiefe gehen und etwas ganz Besonderes zu leisten vermögen. Soweit mir bewusst ist, vermittelt das sonst niemand auf der ganzen Welt in irgendeinem Finanzseminar (siehe Kapitel 9).

Kapitel 6

Warum das Lichtkonto funktioniert

DASS das Lichtkonto funktioniert, ist unbestritten. Das zeigten bereits viele Forumeinträge, die gepostet wurden, noch bevor es den Audio-Workshop gab. Doch inzwischen hat das Lichtkonto seine Tragfähigkeit ausgiebig bewiesen, und zwar durch einen geführten Audio-Workshop. Um einen messbaren Erfolg ablesen zu können, habe ich ein Excelsheet benutzt und dort alle UNERWARTETEN EINKÜNFTE notiert, die sich innerhalb von sechs Monaten auf nicht zu verachtende 379.994 Euro beliefen und binnen eines Jahres ganz nah an die Million herankamen. Unerwartete Einkünfte sind jene Einkünfte und Einsparungen aller Teilnehmenden, die auch wirklich nicht erwartet wurden. Hier ein paar Beispiele dazu:

- Lottogewinne, und zwar nicht immer nur drei Richtige!
- Mitunter seit Jahren verliehene Gelder kommen zurück.
- Unerwarteter Rabatt wird gegeben (Beispiele dazu in Kapitel 7).
- Es wird etwas verkauft, was bisher nicht gelang.

- Einladungen zum Essen u. Ä. passieren ungewöhnlich oft, selbst eine Einladung auf die Azoren ist dabei.
- Es gibt auffallend mehr Trinkgelder.
- (Geld-)Geschenke fallen üppiger aus.
- Und so weiter ...

Während des 133-tägigen Tests mit 131 Personen erwirtschaftete das Lichtkonto im Durchschnitt 1626,26 Euro Zuwachs an unerwarteten Einnahmen pro Tag. Über den gesamten Zeitraum sind das 216.292,58 Euro gewesen.

Pro teilnehmender Person wurden in 133 Tagen durchschnittlich 1651,09 Euro verbucht. Das waren täglich 12,41 Euro unerwartete Einnahmen oder 372,42 Euro pro Monat.

Das allein ist schon beachtlich. Aber es fällt noch etwas auf - und zwar etwas ganz Interessantes, das einen wunderbaren Trend erkennen lässt.

Um die Einzigartigkeit des Lichtkontos zu verstehen, schauen wir uns zunächst einmal die Finanzsituation der gesamten Welt an. Diese Erkenntnisse habe ich von *Wikipedia* übernommen, und sie gehen auf *Oxfams Berechnungen* aus dem Jahr 2014 zurück. Die hier genannte global zur Verfügung stehende Geldsumme kommt mir recht klein vor, aber ich habe sie ungeprüft übernommen.

Laut Oxfams Berechnungen war das Vermögen auf der Welt im Jahr 2007 wie folgt verteilt:

- Die reichsten 0,001 %, etwa 90 000 Personen, besitzen etwa 30 % des Finanzvermögens (ca. 16,7 Bio. USD).
- Die zweitreichsten 0,01 %, etwa 800 000 Personen, besitzen weitere 19 % (ca. 10,7 Bio. USD).
- Die dritte Gruppe, 0,1 % und damit 8 Millionen Personen, besitzen weitere 32 % (ca. 17,4 Bio. USD).
- Und 99,889 % der Menschen, also über 6 Milliarden Personen, teilen sich die restlichen 19 % (noch einmal 10,3 Bio. USD).
- Demnach besitzen weniger als 9 Millionen Menschen, etwa 0,111 % der Weltbevölkerung, über 80 % des weltweiten Finanzvermögens.

Nur zum Vergleich – für Deutschland konnte ich folgende Angaben herausfinden:

- 0,1 % der Deutschen, das sind 80.000 Menschen, teilen sich 15 % des Volksvermögens.
- Das reichste Prozent in Deutschland besitzt 1/3 des gesamten Volksvermögens.
- 50 % der deutschen Bevölkerung teilen sich 1 % des gesamten Volksvermögens.
- Über 20 % der deutschen Bevölkerung sind arm oder stark armutsgefährdet.

- Ab 2030 droht jedem 2. deutschen Rentner die Altersarmut.

Oxfams Vermögensverteilung, angewandt auf die Lichtkonto-Mitglieder:

Aus den 133 Mitgliedern, die unerwartete Geldeingänge gemeldet hatten, lassen sich nur sehr schwer 0,001 Prozent herausrechnen. Deshalb habe ich mir die Freiheit erlaubt, die Anzahl der Personen mit dem Faktor 1000 zu multiplizieren. So haben in diesem Rechenbeispiel 133.000 Personen 216.292,58 Euro eingenommen, die ich auf 220.000 Euro aufrunde. Würde sich das Geld im Lichtkonto genauso verteilen, wie es auf der Welt verteilt ist, dann würde das folgendermaßen aussehen:

- Die reichsten 0,001 %, etwa 1 Person, besäße etwa 30 % des Finanzvermögens (ca. 66.000 Euro).
- Die zweiten 0,01 %, etwa 13 Personen, besäßen weitere 19 % (ca. 41.800 Euro).
- Die dritten 0,1 %, 133 Personen, besäßen weitere 32 % (ca. 70.400 Euro).
- Und 99,889 % der Menschen, also über 132.000 Personen, teilten sich die restlichen 19 % (noch mal 41.800 Euro).
- Demnach besäßen nur 147 von 133.000 Menschen, etwa 0,111 % der Lichtkonto-Mitglieder, über 80 % der unerwarteten Geldeingänge. Um den Faktor Tausend bereinigt hätten 0,147 Personen über 80 %. Das lässt

die Hochrechnung zu, dass eine einzige Person quasi alles im Lichtkonto besäße. Doch davon sind wir definitiv sehr weit entfernt.

Die Realität im Lichtkonto sieht deutlich anders aus, nämlich:

- 59 von 133 Personen haben mehr als 1000 Euro unerwartete Einnahmen gemeldet. Das sind 44,36 % der Mitglieder.
- 19 von 133 Personen haben weniger als 100 Euro unerwartete Einnahmen gemeldet (14,28 % der Mitglieder).
- Die restlichen 55 Personen liegen mit ihren unerwarteten Einkünften zwischen 100 und 999 Euro (41,35 % der Mitglieder).

In Beträgen bedeutet das real:

- 59 von 133 Personen (44,36 %) teilen sich 190.300 der 220.000 Euro (= 86.5 % der Gesamtsumme).
- 55 von 133 Personen (41,35 %) besitzen zusammen 28.930 von 220.000 Euro (= 13,15 % der Gesamtsumme).
- 19 von 133 Personen (14,28 %) haben 770 der 220.000 Euro (= 0,35 % der Gesamtsumme).

Gegenüberstellung von Weltfinanzrealität und Lichtkontorealität:

Weltfinanzrealität	Lichtkontorealität
0,011 % besitzen 49 % der Gesamtsumme	44,36 % besitzen 86,5 % der Gesamtsumme
0,1 % besitzen 32 % der Gesamtsumme	41,35 % besitzen 13,15 % der Gesamtsumme
99,889 % besitzen 19 % der Gesamtsumme	14,28 % besitzen 0,35 % der Gesamtsumme

Wenn wir die beiden oberen Zeilen der linken Spalte addieren und das Ergebnis mit der obersten Zeile der zweiten Spalte vergleichen, dann stellen wir fest: Während in der Weltfinanzrealität mickrige 0,111 Prozent der Bevölkerung 49 + 32 = 81 Prozent der Finanzen im Portemonnaie haben, verteilt sich in etwa der gleiche Anteil (86,5 Prozent) beim Lichtkonto auf satte 44,36 Prozent der Menschen.

Ist das nicht eine beeindruckende Erkenntnis? Der Grund für dieses Ergebnis ist nicht, dass beim Lichtkontotest vor allem Leute mitmachten, die das Geld von zu Hause aus schon anziehen. Im Gegenteil. Die meisten waren deshalb dabei, weil sie darin einen Weg aus ihrer Finanzmisere sahen.

Um diesen gravierenden Unterschied zwischen der globalen Finanzrealität und jener im Lichtkonto noch deutlicher herauszustellen, zeigen die nachfolgenden Grafiken die Verteilung der Bestände bezüglich obiger Tabelle.

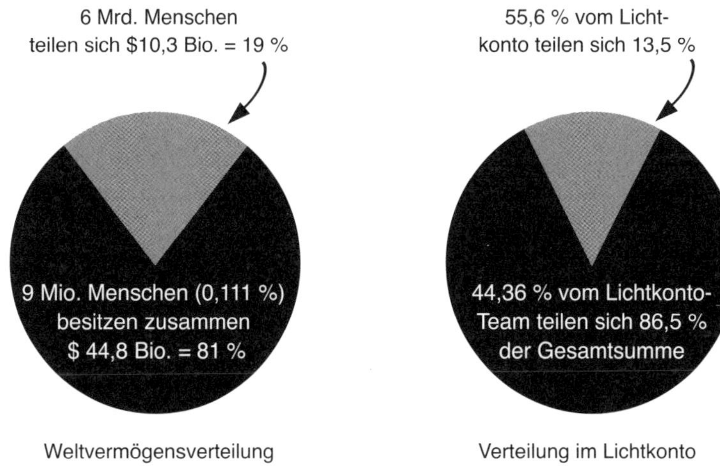

Abb. 6 und 7: Vermögensverteilung im Weltwirtschaftssystem (links) und im Lichtkonto (rechts)

Aber warum haben so viele beim Lichtkonto fast nichts?

19 Menschen teilen sich ca. 770 Euro. Das sind etwa 40 Euro, die pro Person während der Testzeit als unerwartete Einnahmen gemeldet wurden.

Ich gehe davon aus, dass beim Lichtkonto einige der 14,28 Prozent sich nur am Anfang beteiligten und dann keine Lust mehr hatten (sie leiden also am "Innerer-Schweinehund-Syndrom"). Die Tatsache, dass viele der untersten Gruppe schwach anfingen und dann stark nachließen - sie posteten schon recht bald keine unerwarteten Geldeingänge mehr und wurden auch beim regen Austausch in der Lichtkontogruppe vermisst -, lässt diesen Schluss zu. Es wäre sicher sinnvoll, Personen, die weniger als 100 Euro gemeldet haben, aus der Berechnung herauszunehmen, aber damit würde ich jene bestrafen, die auch mit kleinen Beträgen dabeigeblieben sind, und das soll nicht sein. Ich möchte die Tabelle nicht beschönigen, denn sie macht sicher auch deutlich, dass der Workshop nicht bei allen Menschen gleich eindrucksvoll einschlägt.

Es muss nicht unbedingt der innere Schweinehund gewesen sein, der die letzte Reihe füllt. Auch andere Gründe kommen in Frage, z. B.: Hatten alle Mitglieder genug Zeit und Gelegenheit, um ihre unerwarteten Einnahmen zu posten? Wie auch immer es ist: Der Unterschied zwischen der linken und der rechten Spalte der Tabelle ist signifikant und lässt ganz deutlich erkennen, dass sich mit dem Lichtkonto eine ganz neue Realität auftut, in der nicht - dem Weltfinanzwesen adäquat - einige wenige sehr viel besitzen und die große Masse sich nur ein paar Kröten teilt. Nein, denn im Lichtkonto zeichnet sich eine ganz andere Wahrheit ab: Die Auflösung der hinderlichen Kopplungen an Geld, zusammen mit der Installation des Fülle bedeutenden Universums im Herzen und der Tatsache, dass innen = außen ist, bringt den Geldfluss wahrlich in Schwung. Wohlstand und Fülle sind bereits in uns drin. Wir müssen sie nur wahrnehmen, dann zeigen sie sich uns auch im Außen.

Natürlich sind die Menschen verschieden, und bei einigen sitzen die Kopplungen eben fester als bei anderen. Dennoch darf die Tabelle oben ruhigen Gewissens so interpretiert werden, dass der Workshop ein neues Bewusstsein in Sachen Geld installiert, das sich immer weiter ausbreitet und eines Tages vielleicht sogar den Umsturz im dunklen globalen Finanzwesen herbeizuführen vermag.

So viel zum Thema: Das Lichtkonto funktioniert. Gehen wir nun der Frage auf den Grund, WARUM das so ist.

Wir wissen es bereits: Unschöne Kopplungen lassen uns unbewusst, aber doch sehr effektiv unseren Blick auf Unsicherheit, Mangel und Machtlosigkeit in Bezug auf Geld richten. Das lässt uns keine andere Wahl, als mit dem damit verbundenen Fokus Realitäten zu erzeugen, die uns in finanziellen Dingen unsicher machen, die uns Mangelgefühle bescheren und die uns erkennen lassen, dass wir gegen all das machtlos sind. Die Machtlosigkeit lässt uns glauben, dass wir im Mangel verhaftet sind, und das macht uns noch unsicherer. Auf diese Weise drehen wir uns immer wieder im Kreis, und wir haben keine Ahnung, wie wir ihn durchbrechen sollen (wir sind ja "machtlos").

Was passiert aber, wenn diese Kopplungen spielerisch leicht und im Zustand großer Freude und Entspannung aufgelöst werden? Nun, dann löst sich die Unsicherheit auf – und mit ihr der Mangel und erst recht die Machtlosigkeit. Wenn wir uns auf finanzieller Ebene sicher fühlen, dann ist auch der Fokus viel eher auf Wohlstand und Fülle ausgerichtet, was wiederum keinen Spielraum mehr für Machtlosigkeit lässt. Folglich gelingt es uns immer mehr, den Fokus nach oben zu richten, auf Wohlstand und Fülle eben. Und worauf wir durch blank geputzte Filter unseren Fokus richten, das erleben wir in unserem Leben.

Ein weiterer Grund, warum das Lichtkonto funktioniert, ist, dass wir uns damit vom exponentiellen Wachstum abkoppeln. Im bewussten Zustand von Wohlstand und Fülle sind wir nicht an Zins und Zinseszins gebunden, selbst wenn genau das zurzeit noch unser tägliches und reales Finanzleben bestimmt. Als Wesen kennen wir nur das natürliche Wachstum. Ein Mensch, ein Tier, die Natur wächst zunächst schnell, wird dann langsamer und das quantitative Wachstum endet irgendwann. Weiter oben hast du erfahren, dass an dieser Stelle qualitatives Wachstum einsetzt (in der Natur) oder einsetzen sollte (beim vom Verstand gesteuerten Menschen, aber auch in der Wirtschaft).

Das lineare Wachstum ist für uns noch recht verständlich. So ist dieses in etwa in der Realwirtschaft zu beobachten. Durch das lineare Wachstum der Realwirtschaft ist auch unser Geld gedeckt - nicht mehr durch Gold, was ich auch weiter oben schon beschrieben habe. Leider geschieht es, dass das Geldvermögen schneller wächst als die Realwirtschaft. Der Grund dafür ist im Zinseszinseffekt zu suchen, wo Zinsen wieder angelegt und erneut verzinst werden. Mit nur 3,5 Prozent Verzinsung ist bereits in 20 Jahren eine Verdoppelung des Geldvermögens erreicht, und bei 7 Prozent dauert es gar nur halb so lange. Dieses exponentielle Wachstum lässt sich einfach nicht mehr durch reale Werte decken, denn diese haben nur ein annähernd lineares Wachstum zu bieten. So ist es nicht verwunderlich, dass 60 Jahre nach Einführung der D-Mark das fehlerhafte System 2008 zusammenbricht. Es hat sich wieder aufgerappelt, aber sicher nicht, um nun nach einem Stolpern für alle Zeiten weiterzuwachsen. Es dürfte sich viel eher um einen Endspurt handeln. Die nächste Krise kommt so garantiert wie der nächste Sonnenuntergang.

Bereits in Kapitel 2 hast du erfahren, dass auch du Schulden hast, und seien es "nur" unsichtbare. Wer Schulden hat, zahlt Zinsen. Landauf, landab ist die Bevölkerung der Meinung, dass nur Kreditnehmer Zinsen zahlen, und wenn du keinen Kredit hast, bist du außen vor. Das wäre natürlich super, ist aber fern der Realität. Unrealistisch deshalb, weil auch du Teil dieses exponentiellen Wachstumssystems bist, das seinem Exodus entgegenwuchert. Und als Teil dieses Kollektivs zahlst du Zinsen:

- Produzenten von Waren rechnen ihre Kreditzinsen in ihre Produkte ein. Alle Preise beinhalten einkalkulierte Zinsen. Das gilt selbst für Milch, Brot, Eier ... Der Preis für unser Trinkwasser, ja sogar für die Brühe, die durch den Kanal unser Haus verlässt, hebt sich mit durchschnittlich 15 Prozent Zinsanteil hervor.
- Mieten glänzen in den meisten Fällen gar durch über 50 Prozent dieser unschönen Schmarotzergebühr.
- Wir können leicht davon ausgehen, dass ca. 30 Prozent all unserer Ausgaben Zinszahlungen sind, auch wenn wir selbst gar keine sichtbaren Schulden haben. Das ist (noch) unser Schicksal als Mitglied des Finanzkollektivs.

Was aber geschieht mit den Zinsen, die das System erwirtschaftet?

Jeder, der spart, bekommt doch Zinsen, magst du denken. Ja, klar, das stimmt. Wenn du eine Anlage tätigst, dann erhältst du dafür eine Belohnung von der Bank, die sich aus deren Kosten, dem Inflationsausgleich, einer Risikoprämie und einer Belohnung für dich, die sich Liquiditätsverzichtsprämie nennt, zusammensetzt. Mit der Investition in die Anlage verzichtest du ja darauf, "flüssig" zu sein. Werden dir Zinsen gutgeschrieben, dann mag das ein tolles Gefühl sein, und wenn die Gutschrift höher ist als die Lastschrift der Zinsen, bist du der König. Aber: Erhältst du monatlich mehr Zinsen als 30 Prozent von dem Betrag, den du im Monat zum Leben ausgibst?

Die Chance ist groß, dass du zu den 80 Prozent der Bevölkerung gehörst, die mehr (versteckte) Zinsen bezahlen, als sie durch Guthaben, Lebensversicherungen und dergleichen einnehmen. Mit ein wenig Glück gehörst du aber zu den 10 Prozent, bei denen sich Zinseinnahmen und Zinszahlungen die Waage halten.

Um zu den oberen 10 Prozent zu gehören, die mehr Zinsen einnehmen, als sie ausgeben, brauchst du schon richtig viel Glück - oder ein Lichtkonto. Nur diese reichsten 10 Prozent der Bevölkerung verdienen mit ihrem Vermögen und ohne Gegenleistung und schaben damit 60 Prozent der Zinsen ein. Dieser Faktor fehlt im Lichtkonto gänzlich, und deshalb entwickelt es sich so harmonisch und beschert den Mitgliedern Geldzuflüsse außerhalb der globalen Finanzenergie.

Zu erwähnen ist auch, dass es im Lichtkonto kein Umverteilsystem gibt. In der realen Finanzenergie wird Geld von der Mehrheit der Bevölkerung zur vermögenden Minderheit umgeschichtet (siehe Abbildungen 6 und 7 - globale

Verteilung der Finanzen). Von den Schulden profitieren die Banken, das ist uns allen klar. Und dass sie ihr Ziel verfolgen, aus Geld noch mehr Geld zu machen, brauche ich nicht extra zu erwähnen. Was weltweit in den Finanzmärkten umgesetzt wird, beschreibt ein Vielfaches der Werte aller Bruttosozialprodukte der Welt und ist größtenteils ungedeckt. Blasen, die an der Börse entstehen, Inflation, immerdar wachsende Schulden und der realitätsfremde Zwang zu unendlich steigendem Wachstum sind ein hübscher Strauß von Fehlern, die diesem System das Genick brechen werden. Selbst angesichts des sich aktuell (März 2020) immer weiter ausbreitenden Corona-Virus denkt die Politik als Erstes an die arme Wirtschaft, gebeutelt durch entstandene Lieferengpässe, und dass deren Wachstum auf dem Spiel steht. Der Mensch ist zweitrangig. Aber wem nützt die Wirtschaft etwas, wenn es keine Menschen mehr gibt? Lassen wir uns überraschen, wie lange es noch dauert, bis die Politik aufwacht, und was dafür noch alles geschehen muss. Du bist als Mitglied des Lichtkonto-Kollektivs wesentlich bewusster. Mit deiner neu gewonnenen Wahrnehmung hast du die Möglichkeit, aktiv ein gesundes Finanzsystem mitzugestalten, noch bevor sich global etwas ändert – aber mit höchst profitablen Ergebnissen für dich selbst.

Geschichten von Lichtkontlern

Während meiner einjährigen "Studienzeit" in Sachen Bewusstseinserweiterung, stieg bei mir immer wieder das Thema Geld aus trübem Sumpf an die Oberfläche auf. Im Mitgliederforum der Einrichtung erkannte ich schon bald an den Beiträgen der anderen, dass Finanzprobleme praktisch allgegenwärtig sind und wirklich nur wenige damit nichts am Hut haben.

Wie ich zum Lichtkonto kam, habe ich bereits in Kapitel Vier ausführlich beschrieben. Als ich es ins Leben rief, da dachte ich bei weitem nicht daran, es einer breiten Öffentlichkeit zur Verfügung zu stellen, sondern postete meine Idee einfach nur in diesem Forum, damit auch andere daran teilhaben konnten. Die Idee wurde sehr gut angenommen und trug auch schon bald Früchte.

Dieses Kapitel geht zunächst einmal in die Kinderschuhe des Lichtkontos zurück und zeigt Beiträge aus dem Forum auf. Wohl gemerkt, da hat es noch keinen geführten Audio-Workshop gegeben, sondern nur meine ellenlange Beschreibung. Das hier sind Feedbacks aus dem Forum. Die Nachnamen habe ich gelöscht, weil mein Selbstcoaching beendet ist und ich somit keine Genehmigungen für eine Veröffentlichung einholen konnte.

Hier also ein paar Forumseinträge in chronologischer Reihenfolge. Sie sind nicht als Seitenfüller gedacht, sondern haben zum Ziel, dir den Kern des Lichtkontowesens näherzubringen. Die Fülle der Posts soll auch die rege Teilnahme dokumentieren. Um die Authentizität der Posts zu wahren, habe ich sie so übernommen, wie sie im Thread gepostet wurden, mit allen Eigenarten und Fehlern:

Re: Zum Thema Finanzen: Brauchst du Hilfe? Hier kommt sie
von Susana » Sa 14. Feb, 12:13

Lieber Marlin[1]
Meine kleine Gelderfolgsgeschichte von heute.
Ich habe Deine Anregungen zu den Finanzen mal durchgespielt und siehe da:
Seit längerem bin ich auf der Suche nach einem neuen Wintermantel. Bis anhin fand ich keinen, der in mein Budget passte.
Heute nun hat es geklappt. Ich fand einen der mir gefällt und erst noch zum halben Preis. An der Kasse dann wurde er gleich nochmals um 10 Euro billiger! Warum? Seit heute sei eben dieser Artikel nochmals runtergeschrieben worden.
Ich habe in Gedanken mit Dir gesprochen und gelächelt. Ein wenig später kaufte ich mir in einem andern Geschäft einen Pullover auch zum halben Preis. An der Kasse wurde er mir zum Viertelpreis verkauft! Warum? Heute (und nur heute) seien alle Halbpreis Artikel zum Viertelpreis erhältlich!! Und wieder habe ich mit Dir gesprochen und diesmal gelacht.

1) Dietmar Schenk tritt hier mit dem Vornamen "Marlin" auf. Der Grund dafür ist, dass er unter diesem Namen seiner spirituellen Arbeit nachgeht.

Es ist eine kleine Erfolgsgeschichte aber verbunden mit einer Riesenfreude. Der Freude über die Antwort der Matrix und die kurze Reaktionszeit. Diese Kleinigkeit ermutigt so sehr und stärkt die Hoffnung, dass es auch im Größeren funktionieren kann.

Hab nochmals vielen Dank!
Ich wünsche Dir ein schönes Wochenende und herzliche Grüsse Susana

Re: Zum Thema Finanzen: Brauchst du Hilfe? Hier kommt sie
von Anna » So 15. Feb, 22:25

Hallo liebe Geldgestalter

hier von mir ein kleiner Beitrag:
Marlins »Anweisungen« fand ich super, dachte, da kannst du doch auch mal dein Thema angehen - vorerst dachte ich, da warte ich lieber bis zu den Kollektivenergien komme - so komplex erschien es mir bisher. Es geht hier um meinen Wunsch, in meinem Beruf, den ich zwar sehr liebe, doch es gibt (oder gab ?) eben auch noch Haken - also in dieser Hinsicht ebenfalls wunschlos glücklich zu werden
Und ein Unterthema, (nicht das wichtigste, denn es läuft ja diesbezüglich ganz ok) ist auch hier das Finanzielle. so habe ich viel bearbeitet und auch den finanziellen Aspekt dabei.

Und, heute gehe ich, finde ein Paar super Lederstiefel im Schlussverkauf für ganze 35 Euro und einen sehr guten Wollpullover für ganze 15 Euro
So günstig bin ich jedenfalls noch nie davon gekommen

Lieber Marlin, du entpuppst dich hier zum Anweisungsmagier
Anna

Re: Zum Thema Finanzen: Brauchst du Hilfe? Hier kommt sie
von Maura » Mo 16. Feb, 19:34

Das ist ja mal ganz großes Kino hier
Marlin - ich bin nur am staunen. Deine Art und Weise die Dinge anzupacken finde ich sehr bewunderns- und nachahmenswert! Toll auch, was euch allen so passiert.
Sehr spannendes Thema hier

Liebe Grüße
Maura

Re: Zum Thema Finanzen: Brauchst du Hilfe? Hier kommt sie
von Tina » Mo 16. Feb, 22:19

Marlin, du bist genial. Danke für die tollen Ideen. Hab hier am Samstag gelesen und ausprobiert... am selben

Tag gings los... Ein kleines Sümmchen im Lotto gewonnen... Und es fühlt sich an als kommt da noch mehr..... woher auch immer *g*
Heut werde ich mein Lichtkonto eröffnen ... genial. danke für die tolle Inspiration. Ich lese gespannt weiter

Liebe Grüße
Tina

Re: Zum Thema Finanzen: Brauchst du Hilfe? Hier kommt sie
von Claudia » Di 17. Feb, 15:32

Wowwww.....ich bin von den Socken. Danke für dein Teilen lieber Marlin. Ich werde umgehend mein Lichtkonto eröffnen. Wenn die Goldesel-Gruppe genauso anläuft wie das Schubkarren-Experiment wird das der Oberoberhammer
Liebe Grüße
Claudia

Re: Zum Thema Finanzen: Brauchst du Hilfe? Hier kommt sie
von Christel » Di 17. Feb, 21:23

Lieber Marlin,
danke für das suuuuper Thema Geld. Du hast mich daran erinnert wie wichtig gerade in diesem Punkt ein starker

Wille ist. In der Tat hab ich ihn hier schleifen lassen. Auch die Idee ein lichtvolles Konto zu eröffnen findet bei mir großen Anklang.
Bin gespannt wie sich mein Finanzthema verbessert.

herzliche Umarmung und Euch allen viel Erfolg auf allen Gebieten.
Christel

Re: Zum Thema Finanzen: Brauchst du Hilfe? Hier kommt sie
von stephanie » Do 19. Feb, 22:13

Hallo Marlin - Merlin,
eröffnet! So spielerisch und leicht mit der oftmals doch sehr schweren Geldenergie umzugehen, ist der Hammer. Echt klasse und bitte weiter so geniale spielerische Ideen.
Herzlichst
Stephanie

Re: Zum Thema Finanzen: Brauchst du Hilfe? Hier kommt sie
von Stefanie » Fr 20. Feb, 10:14

Lieber Marlin, ihr lieben alle *euch ganz feste drück* ich habe diesen Post erst jetzt gesehen und meine Energien stiegen immer weiter beim Lesen mit. Es ist einfach nur der Knaller und mega genial!!!

Das Lichtkonto habe ich selbstverständlich bereits beim Lesen eurer Beiträge »installiert« und gleich ein Element mit nach oben geschoben, was ich seit Beginn der Akademie im Punkto Geld automatisiert habe: »Ich bin ein Magnet für Geld« ... Dieser Satz floss sogar fast von alleine nach oben in den Lichtkonto-Torus hinein ist jetzt dort fest verankert. Alles ist mega hell, weit, leicht und vooooooooooooooooooolller Liebe - wow wie schön!

Re: Zum Thema Finanzen: Brauchst du Hilfe? Hier kommt sie
von Steffi » Sa 21. Feb, 19:23

Ihr lieben alle
laßt uns die Fülle im höchsten Maße empfangen und es uns wert sein, mit unerwarteteten Geschenken und neuen Möglichkeiten überhäuft zu werden.
Ihr seid alle einfach super klasse und lieb!!! Danke, dass ich dabe sein darf.

ich freue mich auf weitere Ergebnisse eurer Experimente mit dem Lichtkonto und wünsche euch alles, was ihr euch wünscht und noch viel mehr!!! Es ist reichlich und genug für alle da

eure Steffi

Re: Zum Thema Finanzen: Brauchst du Hilfe? Hier kommt sie
von Elke » Sa 21. Feb, 19:23

Du lieber, hammer-genialer Marlin/Merlin
Liebe ALLE!!!

Hatte gestern in FB im Vorbeifliegen das mit dem Lichtkonto gelesen und nun endlich Zeit,
mir diesen Thread anzusehen!!!

WOW WOW WOW
Bin völlig von den Socken, was Du da erschaffen hast!!!!

Natürlich habe auch ich ein nicht unwesentliches Geld-Thema, aber das fühlte sich wohl in meinem Schatzkästchen und ich vertraute einfach darauf, dass es kommt, wenn es ansteht - bin ja auch erst in Woche 4.
Anscheinend darf es jetzt aber mal hervorspitzeln!!!
Noch dazu auf so geniale, freudige und spielerische Art und Weise!
Die ersten Schritte habe ich jetzt auf die Schnelle nicht durchgemacht - werde mich aber gleich nachher daran versuchen!

Und GERADE habe ich mein Lichtkonto eröffnet - und das war krass!!!

Über mir ein gold-weißer Strudel, der dann mit jeder Einzahlung oben weiß und unendlich weit und unten - beim sich bildenden Trichter - golden wurde. Der Trichter wurde immer breiter und länger, bis er mich quasi umhüllte und ich auf direktem Wege die GE raufflutschen lassen konnte! EINFACH TOLL!!!!

Witzig ist, dass sich die goldenen und weißen Trichter-/Torus-Abschnitte laufend abwechseln!!!!
- Whatever, ich fühle das so, dass das kollektive mit meinem eigenen Lichtkonto verschmolzen ist.
Bin flitzebogenmäßig gespannt, was sich nachher beim Schieben und dann im Leben bei mir tut!

Du bist wahrlich der Kracher, Marlin!!!!
1000-Dank für Deine Kreativität und das Entwickeln dieser genialen Finanz-Transformation!!!

Re: Zum Thema Finanzen: Brauchst du Hilfe? Hier kommt sie
von Brigitte » Sa 21. Feb, 20:02

Lieber Marlin,

ich habe auch heute erst diesen ganzen Thread gelesen ... wir waren in Urlaub ... also ... das ist ja wohl absolut GENIAL, was durch dich/deinen Geist hier ins Forum geflossen ist. HAMMER!!!!!
DANKE dir von ganzem Herzen ... Wow!!!
Ich habe mir gaaaanz viel rauskopiert und werde natürlich ein solches Konto ebenfalls eröffnen. Uns geht es im Moment finanziell zwar super gut ... aaaaber ... ich habe

schon sooo lange den Wunsch(warum auch immer) ... mal so viel Geld zu haben, um es einfach an Bedürftige zu verschenken ... bedingungslos!!! Nun würde ich ihnen natürlich zusätzlich noch von dem Lichtkonto erzählen ... Geld für die Anmeldung bei der Akademie hätten sie dann ja und mit der Schubkarren Aktion auf FB eh ...
Poch ... mein Geist jubelt ... und in mir kommt erneut die innere Gewissheit ... jeder Wunsch wird zur rechten Zeit erfüllt!!!

Fühle dich von Herzen umarmt ...
Alles Liebe und viele Glücksknuddler

Brigitte

Re: Zum Thema Finanzen: Brauchst du Hilfe? Hier kommt sie
von Ines » Sa 21. Feb, 22:00

Lieber Marlin,
ich hab´s getan: Mein erster Eintrag hier ~ und gleich ein Lichtkonto eröffnet .
So eine schöne Idee von dir und es fühlt sich wirklich supergut an. Ich habe gerade das Thema Gesundheit auch mal mit hochgeschoben bzw. es steigt von alleine hoch. Das Lichtfeld dort oben fühlt sich einfach totaal gut an und da ist auch sooo viel FREUDE
Ich bin gespannt, was hier noch alles so *passiert*
Liebe Grüße Ines

Re: Zum Thema Finanzen: Brauchst du Hilfe? Hier kommt sie
von Elke » Sa 21. Feb, 22:02

Lieber Marlin (oder soll ich Dich jetzt auch Merlin nennen, wie die meisten anderen ...),

hier kommt schon der erste Erfolgsbericht zu unserem Lichtkonto.

Ich war vorhin beim Tanken und habe die Tankrechnung sofort ins Lichtkonto hochgeschoben. Es fühlte sich herrlich an. Gar nicht so, als würde ich etwas ausgeben, sondern eher, als würde ich etwas geschenkt bekommen. An der Kasse hat mir die Kassiererin dann fürs Tanken erst mal unverhofft einen Rabatt abgezogen und dann hat sie mir auch noch ein Glückslos in die Hände gedrückt. Und siehe da: Ich habe wirklich etwas gewonnen: Einen Rabatt für das nächste Mal tanken. Da musste ich schon bis über beide Ohren grinsen.

Danke noch mal für Deine geniale Idee.
Du bist wirklich außergewöhnlic

Fühl Dich herzlich gedrückt

Elke

Re: Zum Thema Finanzen: Brauchst du Hilfe? Hier kommt sie
von Brigitte » So 22. Feb, 14:29

noch etwas ...

durch Marlins Idee stellen wir unser Bewusstsein zum Thema Geld komplett auf den Kopf!

Bisher dachten wir ... und erlebten es auch so ... dass sobald wir etwas ausgeben, ist das Geld weg!!!

Wenn wir nun jede Ausgabe auf unser Lichtkonto geben ... häufen wir umgehend mehr Geld-Bewusstseins-Vermögen an!!!
Hammer!!!

Wir erhöhen mit JEDER AUSGABE unser Fülle Bewusstsein ... wie gggeil ist das denn???!!!!!

In unserer Welt werden doch Begriffe zum Thema Geld völlig irrational dargestellt. Z.B. heisst es doch, wenn ein Land viele Schulden hat usw. ... es muss gespart werden. Hallo???

Wer bitte kann denn sparen? Doch nur der, der auch genug Geld hat, derjenige der Geld übrig hat zum sparen!
Dieser Begriff sparen wird also benutzt im Sinne von »Schulden sparen« ... weniger Schulden machen ... also wird sparen von überflüssigem Geld gekoppelt mit »Schulden mindern«!

Für mich klingt das irre führend ... und das Wort sparen erhält einen negativen Touch ... würde es heissen, wir müssen erst einmal unsere »Schulden« tilgen, damit wir DANN wieder sparen können ... dann würde es sich für mich stimmig anfühlen.

Nun ... mit unserem Marlin Projekt wiederum klappt diese Sichtweise ... sobald ich Schulden tilge(kann ich ja nur wenn ich das Geld dafür habe) ... und dieses bezahlte Geld auf mein Lichtkonto gebe ... hab ich meine Voraussetzung, ans sparen zu kommen, auf bestmögliche Weise gelöst und ermöglicht.

Hmm ... ist das grad zu verwirrend oder könnt ihr nachvollziehen, wie ich es meine?
Liebste Grüße,
Brigitte

Re: Zum Thema Finanzen: Brauchst du Hilfe? Hier kommt sie
von Anna » Di 24. Feb, 09:10

Hallo ihr lieben Licht-Wir´s

Also das LichtKonto funktioniert bei mir ganz hervorragend: Ich habe ja oben schon geschrieben, dass wir (mein Mann und ich) einige Verluste verbuchen durften und diese haben nun glatt eine prompte Kehrtwendung gemacht, sie wurden unweigerlich angezogen, denn sie »ahnen, dass sie dann gleich wieder - und noch strahlender auf das LichtKonto zurückfließen dürfen

Lange Rede kurzer, schöner Sinn: Unser Weltliches Konto hat sich unerwartet schnell super prall gefüllt - ich denke schon an Wohltätigkeitszwecke

Wie ich auch oben geschrieben habe, passt für mich Licht-Konto tatsächlich nur für die Finanzen - ich habe nun folgendes gemacht: Das Lichtkonto als LichtSEE hat einen Verbindungskanal zum unermeßlichen GlücksMEER.

Das klappt prima

Liebste grüße

Anna

Re: Zum Thema Finanzen: Brauchst du Hilfe? Hier kommt sie

von Annegret » Do 5. März, 00:11

Hallo Marlin,

Du bist wirklich ein Genie. In dem Moment wie ich »Licht-konto« gelesen habe sah ich es ueber mir, und hab da gleich Guthaben und Schulden reingepackt. Jetzt schwebt es wie eine weisse grosse Wolke ueber mir und es mangelt an nichts ;-)

Und eben gerade kam ein Anruf fuer ein Job Interview, obwohl ich noch gar nicht so gruendlich wie Du gearbeitet habe....das werde ich heute Abend mal gleich nachholen

Hugs and Kisses

Annegret

Re: Zum Thema Finanzen: Brauchst du Hilfe? Hier kommt sie
von Ines » Do 5. März, 18:33

Hallo ihr Lieben,
in den letzten Tagen fällt mir immer wieder auf wie plötzlich Energien hochsteigen ins kollektive Lichtfeld, das ich da so über mir wahrnehme.
Ich zahle da sozusagen in dieses Konto ein ~ und bei mir ist es nicht unbedingt Geld, sondern Gesundheit, Lebensfreude, Glück und solche Dinge... Das steigt dann einfach so nach oben und füllt dieses Konto immer mehr an. Ein Fülleprogramm sozusagen
Hach, es macht echt Spaß das zu beobachen, weil es geschieht ja ganz automatisch und fühlt sich so was von GUUUUT an

Euch allen einen schönen Abend

Ines

Re: Zum Thema Finanzen: Brauchst du Hilfe? Hier kommt sie
von Petra » Sa 11. Apr, 08:09

hallo marlin :),
ich bin schon alleine von deiner energie, wie du ideen verfolgst fasziniert und toootal angesprochen. bin relativ neu hier ... in woche 3 und eigentlich über die sonntagsmeditation und dann über facebook zur akademie gesto-

ßen und beginnend über die lightversion jetzt hier gelandet und heute durch einen anstoß auf fb zu deiner idee gekommen und habe jetzt wieder mal statt allem anderen hier gelesen :).
und das lichtkonto ist schon beim lesen entstanden - und es ist so wunderbar einfach und doch ist es mir noch nie eingefallen ausgaben auch als etwas gutes zu betrachten ..... alleine der sichtwechsel nur durchs lesen jetzt war so gravierend und spannend .... sooo genial :)
ich kopier mal deine erste beschreibung wie du mit dem geldthema gearbeitet hast und lege los :)
alles liebe petra

Re: Zum Thema Finanzen: Brauchst du Hilfe? Hier kommt sie
von Gisela » Mi 22. Apr, 00:29

Hallo Ihr Lieben,
habe gerade nach Deiner Anleitung »Merlin« mein Lichtkonto eröffnet. Ich konnte schon gleich eine grosse weisse Wolke über mir sehen. Ich habe sie dann erst mal gefüttert mit allem Positiven was schon vorhanden ist. Meine neue Autobatterie die ich heute gekauft habe dann auch und dann mein liebes 20 Jahre altes Auto erst fand ich es etwas schwer, dann sausste es nach oben und oben verwandelte es sich in ein goldenes Auto, huch. der Hammer war aber dann dass es mich selbst wie von einem Sog angezogen ins Licht zog. Ich hatte das Gefühl, gar nicht mehr in meinem Sessel zu sitzen. Genial jetzt flutscht alles

von alleine hoch. Bin mal gespannt wie das die Tage weitergeht. Ich habe zwar keine finanziellen Sorgen, aber ich wünsche mir mehr Geld um hier Projekte ankurbeln zu können, die den notleidenden Menschen hier helfen. Ich danke Dir für diese grossartige Idee.

Re: Zum Thema Finanzen: Brauchst du Hilfe? Hier kommt sie
von Ines » Do 23. Jul, 09:49

Huhu ...

irgendwie hatte ich dieses Lichtkonto ganz aus den Augen verloren — bis JETZT —
Alleine wenn ich hier wieder lese, glitzert, funkelt und strahlt es über mir ... ich hab ein Grinsen im Gesicht ... und freu mich, jetzt wieder weiter aktiv einzuzahlen...

Froiiiii

Re: Zum Thema Finanzen: Brauchst du Hilfe? Hier kommt sie
von Brigitte » Sa 26. Sep, 13:38

Lieber Marlin,

ich habe mein Lichtkonto vor ca. 2 Wochen eröffnet. Vorher ist diese Möglichkeit an mir vorbei gehuscht und ich habe sie nicht wirklich registriert. Aber alles zu seiner Zeit, habe ich die Erfahrung gemacht.

Aber seit ich es eröffnet habe fühle ich mich Punkto meiner Finanzen, wirklich voller Vertrauen, leicht weit und hell. Es ist kaum zu glauben, denn ich habe schon wirklich alles probiert bei diesem Thema und es ist nach kurzer Zeit Verbesserung des Gefühls immer wieder im Schatzkästchen gelandet. Nur kurze Zeit hatte ich ein besseres Gefühl, dann sind die Mangelgefühle und Existenzängste wieder da gewesen. Und natürlich ist die Realitätsgestaltung sofort nachgezogen.

Es fühlt sich warm und weich an. Ich habe auch erkannt, dass es mir finanziell richtig gut geht, habe es jetzt auch im Gefühl und nicht nur im Verstand. Und fühle keine Sorge und Kontrollbedürfnis in diese Richtung.
Dazu spielt ganz sicher auch das kollektive Lichtkonto eine große Rolle, wenn es nicht sogar der Hauptgrund ist?
Weiß nicht, ist ja auch nicht so wichtig.
Es ist einfach nur wunderbar, ich fühle mich frei und machtvoll.
Habe auch ein geliehenes Geld zurückbekommen, war ein größerer Betrag, auf den ich schon lange gewartet habe.
Lustigerweise sind mir die Eingänge nicht mehr so besonders wichtig, da mein Gefühl so leicht ist. Und das Hochschieben der eingelangten und ausgegebenen Beträge macht mir großen Spaß.

Wie gesagt ich kontrolliere und kalkuliere nicht mehr und warte auch nicht mehr auf den großen Coup, der mir bis zu meinem Lebensende alle Geldsorgen abnimmt. Bin voller Vertrauen und lass die beiden Konten da oben machen. Die können es sowieso viel viel besser als ich. Und das Beste: ich gestalte meine Realität damit auch noch optimal. Fühlt sich jetzt wie ein Zusatzbonus an.
Was vorher eine solche Notwendigkeit war.

Vielen, vielen Dank lieber Marlin für das was du bist
und das du uns daran teilhaben lässt

Lass dich ganz fest drücken
voller Dankbarkeit
Brigitte

Re: Zum Thema Finanzen: Brauchst du Hilfe? Hier kommt sie
von Brigitte » Mi 30. Sep, 09:29

Hallo Ihr Lieben,

ich möchte eine Erfahrung mit Euch teilen.

Durch das Lichtkonto fühle ich mich viel sicherer in meiner Existenz. Was ich habe, fühlt sich als genug an und ich mache mir keine Sorgen mehr ob auch weiterhin genug da sein wird. Mein Vertrauen in meine finanziellen Angelegenheiten hat sich noch weiter vertieft.

Jetzt habe ich mir eine Küchenmaschine geleistet.
Wollte ich schon lange, dachte aber immer, ist zu teuer, rentiert sich nicht, geht auch ohne, usw.....
Ich habe sie gestern aufgestellt und ausprobiert. Bin noch nicht so sehr davon überzeugt, dass ich sie wirklich brauche, aber ich fühle etwas ganz besonderes.
Seit sie in meiner Küche steht, fühle ich mich groß, schlank und stabil in mir ruhend.
Zum besseren Verständnis, ich möchte noch 8 Kilo abnehmen, geht aber derzeit nicht so gut, da ich dahingehend zu wenig Biss habe. Habe aber seit Beginn der Akademie, in einem Jahr, schon 12 Kilo abgenommen. Aber im Sommer alles etwas schleifen gelassen. Und daher ständig die Befürchtung wieder zuzunehmen. Und ich bin 1,80 m groß. Was mir nicht immer so gut gefallen hat.
Und seit gestern, seit die Küchenmaschine steht, fühle ich mich, ich wiederhole mich, ich weiß, wunderbar groß und schlank und fit und stabil und ich bin zufrieden mit meinem Aussehen. Ich mag mich so wie ich bin....
Als wenn ich innerlich gewachsen wäre oder in einer anderen Wahrnehmungswelt bin.
Ich weiß nicht so genau wo da der Zusammenhang mit dem Lichtkonto ist, aber es fühlt sich sehr gut an.
Vielleicht, weil ich zum 1. Mal in meinem Leben, ohne schlechtes Gewissen und Sorge der Betrag würde mir für wichtigere Dinge abgehen, etwas für mich geleistet habe?

Musste, nein wollte, dies unbedingt mit Euch teilen......

Viele liebe Grüße an alle die meinen Beitrag lesen und viele wunderbare Erlebnisse mit dem Lichtkonto.
Es ist nicht vorhersehbar, was sich da alles auftun kann.....
freu freu freu

Brigitte

Re: Zum Thema Finanzen: Brauchst du Hilfe? Hier kommt sie
von jane » Mo 22. Feb, 22:34

lichtkonto reloaded 2.0

nun sitze ich hier, fühl mich totally happy.
was für ein hübscher abend, eure beiträge zu lesen, ein lichtkonto zu eröffnen und durch den weissen geburtskanal des lichtkontos hineingesogen zu werden ins goldene kollektiv.
auch wenn ich ziemlich genau ein jahr später und ohne facebook - rein technisch gesehen - wenig kollektive energie haben können sollte? es fühlt sich trotzdem gut an.
merci marlin, und allen anderen auch- ich treff euch dann halt nicht hier, sonderm im glücksmeer!

Jane

So, das war eine kleine Auswahl der Posts aus dem Forum. Nach diesem Sturm der Wertschätzung für das Lichtkonto reifte in mir der Gedanke, das Lichtkonto einem breiten Publikum zur Verfügung zu stellen. So ging es mit zunächst nur ca. 50 Mitgliedern an den Start, die sich aber schnell weit mehr als vervierfacht haben. Das Lichtkonto ist also ausgiebig getestet worden und steht dir nun als ausgereiftes Produkt zur Verfügung, damit auch du deine finanziellen Themen spielerisch und mit Leichtigkeit in den Griff bekommst. Nachfolgend ein paar Feedbacks von Anwenderinnen und Anwendern aus einer der wohl harmonischsten Facebook-Gruppen. Ich habe mir erlaubt, zu jedem der neun Parts des Workshops drei Posts abzudrucken:

Facebook-Feedbacks nach Workshop Part 1:

Marion S.

Die hör ich mir jetzt jeden Abend zum Einschlafen an. Das war sooo schön ... Alleine für den Spaß, den ich eben gehabt habe, hat sich schon alles gelohnt. Ich habe die ganze Zeit mit einem Lachen im Gesicht dagelegen ... Das war einfach herrlich.
Danke, lieber Marlin.

Daniel L.

Mein lieber Marlin, herzlichen Dank für das superhammergeile Seminar! Hast dir ganz viel Mühe gegeben, es kam eine richtig gute Energie rüber, auch deine Uhr im

Raum hatte mir ein Gefühl des Hier und Jetzt vermittelt. (Die habe ich im Hintergrund klicken gehört.)
Du, ich habe zum ersten Mal eine persönliche Beziehung zu meinem Geld aufgebaut ... Mein Lichtkonto hat sich auch verändert, ich lebe bereits in einer unglaublichen Fülle. Meine Geldenergie ist nun frei, und ich kann viel leichter vertrauen. Bin auf die nächsten Workshops gespannt! DANKE, DANKE, DANKE, DANKE, DANKE!!!

Anmerkung: Da der Workshop nun professionell produziert ist, tickt keine Uhr mehr im Hintergrund.

Jasmin B.

Das war wundervoll. Danke, lieber Marlin. Das hat soooooooo gutgetan! Ich habe mit meinen Geld getanzt und auch sonst so viele schöne inneren Bilder und Gefühle gehabt. Die Verbindung zu allen anderen war sehr schön zu spüren. Freue mich schon auf nächste Woche.

Facebook-Feedbacks nach Workshop Part 2:

Marion S.

Oooh, lieber Marlin, ich komme aus dem Schmunzeln gar nicht mehr raus. Das ist soooooo schön. Ich könnte von beiden Workshops ganze Filme drehen ... so einen Spaß hab ich dabei. Herrlich. Danke, danke, danke. Ach, ich hab übrigens ein kleines Putzkommando, was mit Freude immer alles in Ordnung hält und schön sauber macht. Die Jungs und Mädels sind genauso schnuckelig und zum Knuddeln wie meine Geldenergie Herr Will-ich. Ich freu mich jetzt schon auf die nächste Runde.

E-Mail von Michael S.

Gerne gebe ich dir eine kurze »Single-Rückmeldung« bezüglich meines eigenen Erlebens; zeitlich funktioniert es bei mir am besten Sonntagabends. So hörte ich letzten Sonntag den ersten Workshop.

In meiner Bilderwelt der geführten Meditation ging es eher chaotisch zu als geordnet. Da muss ich nochmals reinlauschen. Dennoch kann ich mitteilen, dass ich mich insgesamt etwas weiter fühle mit dem Thema Finanzen, als ob »es« sich mehr Raum nehmen kann und genommen hat. Bei einer Teamsitzung mit meinem Arbeitgeber am 20.10. ergab sich die Gelegenheit, einen zusätzlichen Arbeitstag mit einer völlig anderen Aufgabe wahrzunehmen, der mir zusätzlich ca. CHF 300 einbringen wird innerhalb der nächsten 2 bis 3 Wochen. Vor allem ist es eine Arbeit, die mir große Freude macht. Natürlich holen mich auch teils beschwerliche Gedanken ein, doch auch hier erlebe ich, dass die Verweilzeit meiner Aufmerksamkeit bedeutend kürzer ist als bisher. So bin ich gespannt, am Sonntag den nächsten Workshop zu hören.

Vielen Dank, dass ich daran teilnehmen darf und kann, Michael.

Elke M.

Möchte auch noch kurz etwas zum gestrigen zweiten Workshop/Medi sagen. Ich fand ihn wieder supermegageilgenial!!!

Marlin, du hast es schon geschafft, dass ich mit einem Lächeln an meine Geldenergie denke, dass sie mir keine Angst mehr macht und ich sie richtig gern umarme!
Mein Lichtkonto hat gestern so richtig geglänzt, gestrahlt und war umschlossen von unzähligen Goldfontänen. Also eigentlich ein Bankinstitut, in dessen Mitte ein wunderschöner Trichter sitzt, der meine Einzahlungen aufnimmt. Das ist solch eine wunderschöne Visualisierung für mich – die mich allein vom Anschauen schon happy macht!
Sogar der Blick auf mein reales Konto hat nicht so »wehgetan« wie sonst! Im Gegenteil, ich hab all die Miesen mit Freude und Zuversicht auf mein Lichtkonto eingezahlt.
Und weil ich auch gerade deinen Newsletter gelesen habe (damit du deine Excel-Tabelle bestücken kannst): Vorletzte Woche habe ich von einer lieben Freundin meiner Mama 100 Euro überwiesen bekommen – das macht sie ab und zu, wenn ich mal wieder für die Kinder sehr viel benötige oder sie Geburtstag haben (ich sage ihr das aber nie, sondern sie spürt das immer irgendwie). Dann habe ich 22 Euro Dividende bekommen, mit der ich nicht gerechnet hatte. Ebenso 64 Euro von der Familienkasse (keinen blassen Dunst, warum, aber ich nehm sie gern).
Das sind dann schon wieder 188 Euro auf dem Weg zum Lichtkonto-Millionärs-Club (find ich GEIL!!!!).
Danke, lieber Marlin, dass du uns dies alles zur Verfügung stellst – es tut unglaublich gut und macht richtig Spaß!!!
Dicken Lichtknuddler für dich!

Facebook-Feedbacks nach Workshop Part 3:

Silvia Annelie C.

Danke für die wundervolle Energie, die deine Meditation heute ausgelöst hat! Es war herrlich! So viel Sicherheit habe ich schon ewig nicht mehr gespürt. Das war toll! Und in dieser Sicherheit lebe ich jetzt täglich weiter ... Ich krieg das Grinsen nicht mehr aus dem Gesicht! Hihi ... Danke, du Lieber.

Agnes H.

Dankeschön, lieber Marlin,
nach der dritten Medi bin ich nun vollends überzeugt, dass ich mir bis ans Lebensende keine Sorgen mehr machen muss. Das Universum schaut, dass alles immer in Fülle vorhanden ist, was gerade benötigt wird. Und dies gilt selbstverständlich für alle, die hier dabei sind. Und natürlich auch für den Rest der Welt. Wichtig: Gedanken erschaffen die Welt!

Elke H.

Marlin,
ich glaubs nicht, habe gerade 100 Euro von meiner Mama geschenkt bekommen für Schuhe zum Abendkleid für die Hochzeit meiner Tochter. Ab aufs Konto, bin so stolz, auch meine erste Einzahlung machen zu können.

Facebook-Feedbacks nach Workshop Part 4:

Angelika K.

Wow, ich brauche nur an meine Kontonummer zu denken, schon breitet sich eine freudige Energie in mir aus und zieht mich nach oben.

Denise Z.

Marlin, wieder vielen lieben Dank für diese Medi! Ich bin einem Glaubenssatz begegnet in meinem Lichtkonto: »Viel Geld macht einsam.« Den hab ich jetzt mal schön hochgekugelt! Mein Lichtkonto fühlt sich jetzt wunderbar leicht und friedlich an.

Ro Saly

Danke, Marlin, für deine Arbeit und deinen Einsatz – es ist schön, immer wieder hineinzuhören und mich führen zu lassen. Das ließ ich bis jetzt nur selten zu, hat seine nachvollziehbaren Gründe – bin zeitlich dicht eingeteilt mit Enkelkindern, anspruchsvoll, doch kaum einträglich, aber ich hab mein Auskommen und leide selten Mangel. Und sogar das ist im Umbruch, ich genieße alles, was ist und täglich auf mich zukommt – bin irgendwie auf dem Sprung in ganz neue Erfahrungen, immer gefasst, auch noch etwas ganz anderes zu entdecken – das gibt ein gutes und lebendiges Gefühl, das gleichzeitig immer auch geheimnisvoll ist.
LG

Facebook-Feedbacks nach Workshop Part 5:

Angelika K.

Hammer, hammer, hammer. Ich bin reines Bewusstsein, unbegrenzt, frei und machtvoll. Ich liebe meinen Avatar und gönne ihm nur das Beste und Fülle in allen Bereichen des Lebens. Danke, Marlin, soooo eine tolle Meditation.

Silvia Annelie C.

Boah was war das denn? Der absolute Hammer. Ich war komplett raus aus meinem Avatar ... Erst merkte ich, dass ich nichts mehr dachte ... null, nichts ... dann habe ich nichts mehr gefühlt. Ich war einfach ... pures SEIN! Das war so großartig! Ich habe meinem Körper zugeschaut, und als wir unser Lichtkonto besuchten, nahm mich meinen Körper in den Arm und sagte mir, dass er mich liebt und mir so dankbar ist!
Das war sooo schön!
Danke, danke, danke, Marlin!

Birgit H.

Oh schade, schon zu Ende. Das war echt toll. Zuerst war ich ein bisschen traurig, dass ich nicht mein Körper sein sollte, und hab mich gefragt, wer ich denn dann bin. Die Traurigkeit ist aber schnell verflogen und ich hab mit meinem Avatar in meinem Lichtkonto-Raum gefeiert und getanzt. Jetzt fühle ich mich wieder fröhlich und es geht mir saugut. Danke sehr, lieber Marlin. Und was ich auch noch loswerden wollte, deine Stimme ist sehr angenehm für die Meditation und auch die Sprechgeschwindigkeit.

Ich kann es sehr gut aufnehmen und auch gedanklich dabeibleiben. Super! Ich freu mich schon auf die nächste Medi!

Facebook-Feedbacks nach Workshop Part 6:

Minouch Ringo

Wow ... Also ich hab jetzt nicht wirklich die »Räume« wahrnehmen können ... Was ich gemerkt habe, war ein, wie sag ich das ... linksdrehender Sog, der mich immer stärker nach oben zog ... Und eines noch ... Marlin, bei deinem Workshop sehe ich tatsächlich immer Bilder, die mir sonst abgehen ... Danke.

Marion S.

Ich hatte erst überlegt, ob ich heute teilnehme, weil ich sehr starke Kopfschmerzen ... Achtung, jetzt kommt's, HATTE. Denn ich hab mitgemacht, wieder ein Wohlgefühl wie bei den ersten Parts und jetzt fühl ich mich entspannt und wohl. Danke.

Ruth D.

Das war super, sprich, ich finde gar keine Worte, die dem nahe kommen. Der Raum der Sicherheit war bei mir eine Kirche, in die ich als Kind in den Ferien öfter gegangen bin (was da so im Unterbewusstsein für Muster sind). Die Fülle, ein großer begehbarer Tresor mit unserem Geld – und der Raum der Macht war ein Luxusbüro mit mir am großen Schreibtisch. Auf der Karte eine strahlende Sonne. Ja, so kann das bleiben. Glücklich und reich, Ruth

Facebook-Feedbacks nach Workshop Part 7:

Heike P.

Vielen Dank für die tolle Medi, sie war sehr besonders. Ich habe mich so wohl gefühlt im Wald, dass ich ihn regelrecht riechen konnte. Erst war ich ähnlich wie Birgit unsicher, was ich abgeben kann/soll – und im nächsten Moment habe ich alles in Freude abgegeben, was so hochkam. War ein tolles Gefühl. Wie viel Geld mir gegeben wurde, weiß ich nicht. Ich habe es nicht gezählt, sondern mich nur gefreut. Werde am Sonntag mit euch noch einmal gemeinsam die Medi machen, und dann werde ich darauf achten. Bis dahin werde ich die Woche 6 erneut wiederholen (4-mal bereits), habe immer noch Schwierigkeiten damit und die Karte kann ich nicht sehen. Aber wird sich sicherlich noch zeigen, ich bleibe dran. Euch allen weiter viel Spaß beim Einzahlen, ich bin schon sehr neugierig, wohin es sich entwickelt. Viele liebe Grüße, Heike

Renate M.

Ich bin total berührt und gebe heute 2000 Euro auf unser Lichtkonto. Habe heute dieses Geschenk für die private Pflege eines Mannes bekommen von dessen Kindern.

Ich habe ihn vor einiger Zeit bis zu seinem Ableben betreut, weil die häusliche Pflege immer schon zu früh am Abend kam, ich ging bei Bedarf daher nachts noch einmal hin, um nach dem Rechten zu sehen. Ich freue mich sehr, und gleichzeitig hab ich ein Gefühl, dass dieses Geschenk zu groß ist. Es ist das erste Mal in meinem Leben, dass ich sooo ein großes Geschenk bekomme ... Dankeschön, lieber, genialer Marlin, ich bin sicher, dass ich dies dir und deiner Idee mit unserem Lichtkonto verdanke. Boooahhh, einfach unfassbar großartig!

Irmgard S.

Lieber Marlin, es war heute wieder sehr schön, und ich habe meine Zeit im Wald sehr genossen. Es sah fast so aus wie oben im Bild, und ich wäre am liebsten dort geblieben. Herzlichen Dank für deine anschauliche und einfühlsame Begleitung während der Meditation!

Facebook-Feedbacks nach Workshop Part 8:

Brigitte Knakai

Ihr Lieben, alle, mir ist etwas bewusst geworden, das ich unbedingt mit euch teilen möchte. Ich bin schon seit vielen Jahren die Familienbank, die an meinen Mann und meine beiden Kinder (schon lange erwachsen) Geld verleiht. Nur dass ich keine Zinsen verlange. Teilweise sind es auch größere Summen (bis zu 1000 Euro). Und es war immer sehr zäh, das Geld wenigstens teilweise zurückzubekommen. Hat bei mir immer große Mangelgefühle ausgelöst. Das Geld hat mir zwar nicht wirklich gefehlt im Alltag, ich konnte mir aber nie Extras leisten. Hat mich immer ziemlich angezipft, dass sie nicht selbstständig sind und ich mein Geld nicht für mich habe, da ich mir mein Geld sehr gut einteile. Jetzt plötzlich ist mir klar geworden, wie gut es mir geht, überhaupt so viel Geld verleihen zu können! Jubel ... Die letzten 14 Tage habe ich an alle 3 wieder Geld aufgeteilt, und siehe da, es ist mir gestern und heute alles wieder zurückgegeben worden. Auf einmal habe ich sooooo viel Geld in der Brieftasche und fühle mich wirklich privilegiert und wohlhabend. Juhuuuu! Durch das Merlin-Lichtkonto ändern sich unsere Einstellungen zu Geld und daher auch die Realität, es ist fantastisch ... vielen Dank, lieber Marlin (Merlin)

Andrea S.

Lieber Marlin, ich habe alle Workshops »nachgeholt« (bin ja erst später dazugekommen) und mir gestern deine 8 angehört. Menno, wäre das schade gewesen, wenn du die nicht veröffentlicht hättest! Für mich einfach die beste von allem. Ich könnte sie mir in einer Dauerschleife anhören! Sie bringt mich in ein so tolles Gefühl! Meine Energie und ich tanzen vor Lebensfreude – DANKE.

Christine G.

Lieber Marlin, ich habe nun 8 Parts gemacht und spürte die Veränderungen bereits vom ersten Tag an. Für dein Sein und dein Wirken möchte ich mich bei dir deshalb jetzt einfach ganz herzlich bedanken. Deine Idee mit

dem Lichtkonto-Team bringt Frieden, Liebe und Freude, Fülle, Glück und Harmonie auf allen Ebenen des Lebens, wenn wir dabeibleiben.
Von ganzem Herzen D A N K E!

Al Tina

Hey, ihr Lieben, man, ich glaub's nicht: 450 Euro fürs Lichtkonto. Wir wollen in unserem vermieteten Haus das Dach dämmen und »durch Zufall« trifft mein Sohn jemanden, der uns die Steinwolle für 50 Prozent vom Einkaufspreis gibt. Macht 450 Euro, die wir gespart haben. Hach, ist das schön, dass das so gut funktioniert.

Facebook-Feedbacks nach dem letzten Workshop Part 9:

Martina S.

Ihr Lieben, ich habe ja alle Parts, die es schon gibt, gehört. Jetzt mache ich es so: Jeden Tag, wenn ich ins Bett gehe, suche ich intuitiv einen Part von den 9 raus und höre sie mir an. Bei den meisten trete ich so weg, dass ich gar nichts mehr mitbekomme, aber heute bei Part Nr. 8 bin ich voll dabei gewesen. Es war so wunderbar, und ich liebe deinen Workshop, Marlin Schenk. Wir haben getanzt und Riesenspaß gehabt und ich hatte so eine schöne Zeit mit meiner Geldenergie (einem gutaussehenden Mann). Es ist einfach so schön, sich diesen Workshop so oft anzuhören. Danke Marlin, dass du dir diese Arbeit gemacht hast.

Bettina G.

Wow, wow, wow! Danke für diese so wert- & kraftvolle Meditation. Mein Lichtkonto ist so traumhaft schön ... fantastisch.

Jetta F.

Guten Morgen ihr Lieben,
ich nehme zwar im Augenblick nicht zu den vorgegebenen Zeiten an der Medi teil, meditiere doch zu anderer Zeit für mich.
Trotzdem geschehen plötzlich ganz wunderbare Dinge ganz von allein, von dehnen ich euch unbedingt erzählen möchte. Um es klarer für euch zu machen, etwas ausführlicher. Achtung, langer Text!
Durch meine Krankheit musste ich vor 2 Jahren meine Praxis für Stoffwechsel- und Ernährungsberatung schließen. Ich verlor meinen guten Job im Krankenhaus ... Einige von euch wissen, in welcher beängstigen finanziellen Situation wir uns im letzten Herbst noch befanden. Die Schuldnerberatung machte uns noch mehr Angst, was uns noch mehr runterzog. Zu dem Zeitpunkt war von unserer Seite keine Aussicht mehr auf Veränderung zu erkennen. Wir befürchteten, unser Zuhause und eigentlich alles zu verlieren. Durch Hilfe und kleine Spenden von lieben Seelen überbrückten wir ganz schlimme Monate, um uns etwas zu essen zu kaufen. Dann erzählte Martina S. mir vom Lichtkonto und von Marlin, wo ich mich direkt anmeldete. Wir veränderten einiges. Vor allem die Sichtweise in Bezug auf Geld. Die Verbindung von Angst und Bedrohung wurde in etwas Schönes und Leichtes gewandelt.

Vor 2 Wochen klingelte abends das Telefon. Ein Mitarbeiter einer Bank, bei der wir auch viel zu teure Kredite haben. Er wollte mit uns über unser finanzielle Situation reden. Wolfgang war am Telefon und machte für letzte Woche mit mir zusammen einen Termin aus. Wir dachten, vielleicht will er uns ein Angebot machen, um die teuren Kredite umzuschulden?! Wäre ja schön, wenn wir die teure Überziehung des Girokontos mit reinpacken könnten ... Das wünschten wir beide uns noch auf der Hinfahrt zum Termin. Der freundliche junge Mann führte ein langes Gespräch mit uns. Er sagte, bessere Voraussetzungen als bei Wolfgangs Position im öffentlichen Dienst gebe es gar nicht. Da war es wieder das Gefühl: wertvoll zu sein ... Versteht ihr, was ich meine? Das Gegenteil war zu lange der Fall. Er fragte, was uns in die Situation gebracht hatte, woran ich erkrankt war. Dann gingen wir alles Schritt für Schritt durch. Er bat uns um eine Stunde Zeit, in der wir in die Stadt gingen. Ich wollte mir in der Zeit ein Kopfschmerzmittel besorgen, da ich schon Tage an schlimmen Spannungskopfschmerzen litt, ich aber am liebsten nur pflanzliche Mittel nehme. Es war jedoch mittlerweile sehr schlimm und ich suchte nur noch nach einer Apotheke, die mir irgendwas gab, was half. Selbst da führte mich die Matrix zu einem netten alten Herren, den ich nach »irgendeiner Apotheke« fragte – und der mir den Weg zu einer »grünen Apotheke« zeigte. Dort wurde mir ein pflanzliches Mittel gemixt, was mir jetzt nicht nur bei meinem Kopfschmerzen hilft.

Dann haben wir noch etwas gegessen und sind zurück zur Bank. Wir trauten unseren Augen und Ohren nicht, als wir das Angebot sahen. Nicht nur die Überziehung des Girokontos, auch alle anderen teuren Kredite konnten gekündigt, abgelöst oder umgeschuldet werden. So sparen wir im Monat über 40 Prozent. Den genauen Betrag, den wir über die Laufzeit der Jahre sparen, rechnet Wolfgang noch aus. Das teile ich euch noch mit. Es sind bestimmt 500 Euro monatlich.

Wir sind sooooo glücklich! Danke, Lichtkonto! Danke, Marlin! Danke, Martina Schöne! Danke, ihr lieben Seelen, die uns, egal wie auch immer, unterstützt haben, sei es durch die Spenden im Herbst oder durch die Meditation.

Jetta und Wolfgang

Gertraud E. (per E-Mail an mich)

Hallo lieber Marlin,

nachdem ich deinen Aufruf gelesen habe, möchte ich dir auch kurz ein paar Ausschnitte/Erlebnisse über wundersame Geldeingänge bzw. mit meinem Lichtkonto schildern. Ich danke dir sehr für deine Arbeit und deinen Audio-Workshop, die da sicherlich einen großen Beitrag dazu geleistet haben.

Vor allem die letzten 2 Monate ist wirklich so vieles bei mir »in Fluss« gekommen – ich erlebe gerade so viel Fülle, dass ich aus dem Staunen oft gar nicht mehr herauskomme.

Lichtkonto-Geschichten die das Leben schreibt

Meine Tochter ist im Januar 17 geworden und macht nun »begleitetes Fahren«, was man der Autoversicherung ja melden muss. Diese teilte mir dann mit, dass sich dadurch der Versicherungsbeitrag um 536,80 Euro erhöht! Mein aktueller Jahresbeitrag lag bei 407,20 Euro ... d. h. der

Beitrag würde sich mehr als verdoppeln! Das empfand ich als sehr heftig und das hätte schon ein »kleines« Loch in meine Haushaltskasse gerissen. Ich verglich also mit anderen Versicherungen, wobei mir die meisten gleich von vorneherein mitteilten, dass der Beitrag für Fahranfänger (bedeutend) höher ist. Jetzt kommt es: Ein Freund arbeitet auch in der Versicherungsbranche und er machte mir ein Angebot. Fazit: Ich zahle jetzt 355,89 Euro – praktisch sogar noch gut 50 Euro weniger als der Ursprungsbeitrag meiner alten Versicherung.

Dann wollte ich im Februar so gerne an einem Seminar teilnehmen, welches jedoch gut 400 Euro kosten sollte. Der Januar ist aber immer so ein Monat, wo viele Beiträge fällig werden und einige Geburtstage und Ausgaben anstehen. Nun ja, die Hoffnung stirbt zuletzt, ich gab meinen Wunsch »nach oben ab« ... und ein Wunder geschah: Ich hatte plötzlich eine Anfrage für den Verkauf unserer Modelleisenbahn bekommen. Erwähnenswert ist, dass diese bereits seit gut 1,5 Jahren schon im eBay-Kleinanzeiger gestanden hat und es keine Interessenten oder Anfragen dazu gab. Plötzlich kamen sogar 2 Interessenten auf mich zu, der Verkauf lief reibungslos und ich nahm dankbar das Geld entgegen. Durch das Seminar kam ein Mann mit mir ins Gespräch, ich erzählte ihm von meiner Arbeit als Reiki-Lehrerin und eben auch über die Wirkung der Wirbelsäulenbegradigung, die ich anbiete. Er war sehr interessiert daran und wir haben eine Sitzung gemacht. Somit habe ich genau den Betrag vom Universum geschickt bekommen, den ich für das Seminar gebraucht habe. Einfach phantastisch!!

Dazu bekam ich noch viele weitere kleinere und große Spontangeldeingänge: Anfang Februar eine Stromrückzahlung von knapp 75 Euro, die BKK erstattete mir nicht wie üblich 80 Prozent der Kursgebühr, sondern 100 Prozent für einen Rücken-Fit-Kurs. Warum auch immer – ich habe mich jedenfalls sehr gefreut. Mein Freund lädt mich auf ein Seminar ein und übernimmt die Kosten – wow, auch da durfte ich erst mal schlucken und dankbar das Geschenk, diese große Wertschätzung, annehmen.

Plötzlich bekomme ich auch wieder mehr Anfragen für Reiki-Sitzungen, Reiki-Einweihungen und meine Heilarbeit, welche im letzten Jahr eher stockend lief. Ich habe jetzt 3 Reiki-Einweihungen innerhalb kurzer Zeit, worüber ich mich wirklich sehr freue, und ich spüre auch da so eine Fülle, es kommt wahnsinnig viel zurück. Ich erhalte von vielerlei Seiten etwas geschenkt, seien es Briefmarken, eine Pfeffermühle, Gutscheine, Einladungen oder tolle Kleidung von meinen Freundinnen für meine Tochter und mich, die einfach noch super aussieht.

Ein Tipp noch von meiner Seite: Ich habe es mir angewöhnt, meine Rechnungen mit Freude und sehr zeitig zu begleichen (nicht zu warten, bis die erste Mahnung kommt.) und mich beim Universum zu bedanken, dass es mir das nötige Geld zur Verfügung stellt. Und genau so empfinde und erlebe ich es gerade. Einfach wundervoll!!! Ich spüre ganz oft einfach nur tiefe Dankbarkeit und Demut für all die wundervollen Geschenke und die Fülle, die das Leben mir bietet. I love it!

Ich wünsche dir viel Erfolg mit deinem Buch – mögest du viele Leute damit erreichen und sie inspirieren, auch ihr Leben in Fülle zu gestalten. Herzlichst, Gertraud

Kapitel 7

Das Universum im Herzen

Wenn du alle Tipps aus diesem Buch verinnerlichst und zusätzlich den Workshop anwendest, dann wird dir das bereits viel Gewinn bescheren und deinen Fokus Erfolg bringend ausrichten. Das wünsche ich dir von Herzen.

Wenn du dir zusätzlich "Die Module des Erfolgs" gönnst[2], weil du es dir wert bist, dann wirst du am Ende, bei *Modul 16*, sogar das Universum im Herzen tragen. Was das bedeutet, kann hier nicht beschrieben werden. Das musst du einfach erleben. Aber vielleicht wird dir dieses Kapitel eine kleine Vorstellung davon geben. Auf jeden Fall kommt hier das Thema "innen wie außen" zur Sprache. Für deine Fülle ist das ganz besonders wichtig.

Grafische Darstellung des Universums

Das Universum wird in aller Einfachheit als Kreis mit einem darin befindlichen Dreieck abgebildet, über das ein zweites Dreieck umgekehrt gelegt wird. Diese beiden Dreiecke stehen für die Bipolarität, für Plus und Minus, Männlich

---

2) Aufbau-Workshop; Siehe Anhang.

und Weiblich und so fort. Der Kreis drumherum beschreibt die Grenze des Universums. Der geniale amerikanische Physiker Nassim Haramein erklärt das sehr ausführlich auf YouTube. An dieser Stelle möchte ich nur kurz darauf eingehen, was er sagt, denn um *Modul 16* des Aufbau-Workshops zu verstehen und das, was es bedeutet, das Universum im Herzen zu haben, ist diese Information sehr wichtig. Ohne diese Erklärung könnte zumindest *Modul 16*, wenn nicht gar das ganze Lichtkonto, bezweifelt werden (nicht von jenen, die dieses Buch lesen, denn sie sind ja offen für Blicke aus höherer Ebene). Damit also eventuell aufkommende Fragen gar nicht erst zu Zweifeln werden, hier eine kleine Einführung über die Gedanken eines genialen Mannes zum Universum.

Die einfachste **grafische** Darstellung des Universums sieht so aus:

Abb. 9: Einfachste grafische Darstellung des Universums. Sie bebildert den unendlichen Raum.

Sicher bist du schon einmal der Aussage begegnet, dass wir diesen unendlichen Raum in uns haben sollen. Stellt sich dir dann auch, so wie mir in der Vergangenheit, die Frage: Wie kann das sein? Wie soll das Universum in seiner nicht fassbaren Größe in uns Platz haben, wo doch schon eine Maus sich da sehr beengt fühlen würde?

Da unser Gehirn gerne mit Bildern arbeitet, möchte dieses Kapitel den Sachverhalt grafisch untermauern. Es möge dir helfen, das Lichtkonto in seiner Gänze nachzuvollziehen.

Mit der oben gezeigten Grafik wird also das gesamte Universum in größter Einfachheit ausgedrückt. Der Kreis steht für die Sphäre, der Stern darin ist die 2D-Darstellung eines Tetraeders, des einfachsten 3D-Körpers im Universum. Das Übereinanderlegen von zwei Dreiecken bringt uns bereits sechs weitere Dreiecke im Kreis. Sie sind natürlich kleiner als die beiden ursprünglichen, aber das ist egal, denn wir haben ja Lupen zur Verfügung.

Der Raum im Innen

Nun können wir über jedes Dreieck weitere umgekehrte Dreiecke zeichnen (Abbildung 10). Damit potenziert sich die Anzahl weiter, und die Formen werden immer kleiner. Um immer mehr Dreiecke einzeichnen zu können, müssen wir das Gebilde also vergrößern – und erhalten immer wieder Dreiecke, über die wir Dreiecke zeichnen können, solange wir hineinzoomen können. Wir werden nur durch die Technik begrenzt. Doch egal, wie viele Dreiecke in diesen Kreis einziehen, es wird niemals die Grenze nach außen überschritten.

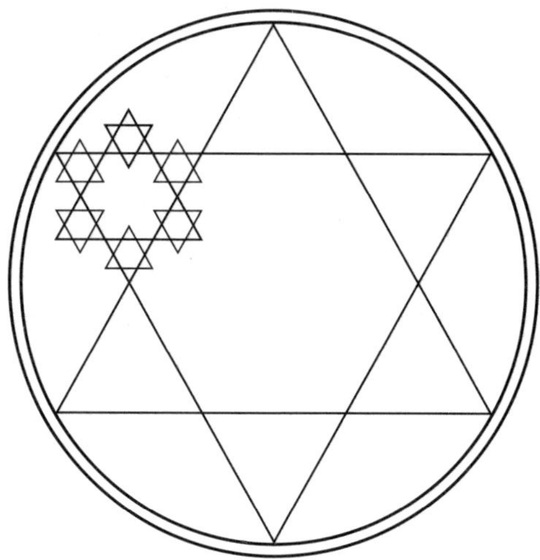

Abb. 10: Geometrische Darstellung des Universums, immer mehr Dreiecke entstehen durch Hineinzoomen. Nach außen hin ist der Kreis duplizierbar.

Der Raum im Außen

Wenn wir mit bloßem Auge in den Nachthimmel blicken, erkennen wir vor allem den Mond, und wer sich ein wenig auskennt, kann auch noch die Venus ausmachen und ein paar Sternbilder, den großen Wagen zum Beispiel. Alles andere sind kleine Lichtpunkte. Um mehr erkennen zu können, ist ein Fernrohr nötig, und wie viel mehr wir damit erkennen, liegt an der Auflösung desselben: Wie stark vergrößert das Fernrohr?

Seit einigen Jahren zieht das Weltraumteleskop Hubble seine Kreise und vermittelt uns Einblicke in Sphären, die uns bis dato noch verborgen geblieben waren. Aber egal, wie weit wir schauen können, wir werden nie das Ende des Weltraums finden. Dabei spielt es keine Rolle, ob das Universum, in dem wir leben, unendlich ist, oder ob es sich immer weiter ausdehnt und damit begrenzt ist (dargestellt durch den Kreis mit den Dreiecken). Im zweiten Fall wird es außerhalb unseres Universums weitere Universen (weitere Kreise) geben. Sie grenzen alle aneinander wie Zellen eines Körpers, wie Atome oder Moleküle. Ja, sie interagieren sogar miteinander, gehören sie doch alle zum unendlichen Raum. Je gewaltiger die Vergrößerung, desto mehr sehen wir zwar vom Raum, aber das Ende werden wir nie erblicken, denn der Raum ist unendlich.

Zurück zum Raum im Inneren

Wollen wir mehr Dreiecke zeichnen - noch kleinere und noch kleinere -, dann brauchen wir auch hier eine größere Auflösung. Wir können immer wieder Dreiecke zeichnen, immer wieder vergrößern (die Auflösung anpassen), und auch hier werden wir nie zu einem Ende kommen. Das hat die Wissenschaft inzwischen selbst festgestellt. Die alten Schulweisheiten sind längst überholt.

Alte Schulweisheiten

In der Schule wussten unsere Physiklehrer noch: Das Atom ist die kleinste Einheit, denn es ist unteilbar. Leider hatten sie dabei übersehen, dass diese kleinste Einheit aus Einzelteilen besteht, aus Kern und Elektronen nämlich.

Gut, sagten sich dann die Wissenschaftler, das Atom ist also nicht das Kleinste, sondern der Kern - und sie ließen sich später erneut eines Besseren belehren, denn der Kern besteht aus Protonen und Neutronen.

Diese Teilchen sind aber so winzig, meinten sie nun, das müssen jetzt die kleinsten Teilchen sein. Und wieder hatten sie unrecht, denn dass diese vermeintlich kleinsten Teilchen aus weiteren "Dingen" bestehen, ist heute bekannt. Es sind die Elementarteilchen (Quarks, Leptonen, Eichbosonen und das Hicks-Boson = 4, und was es mit der Zahl 4 auf sich hat, dazu komme ich weiter unten).

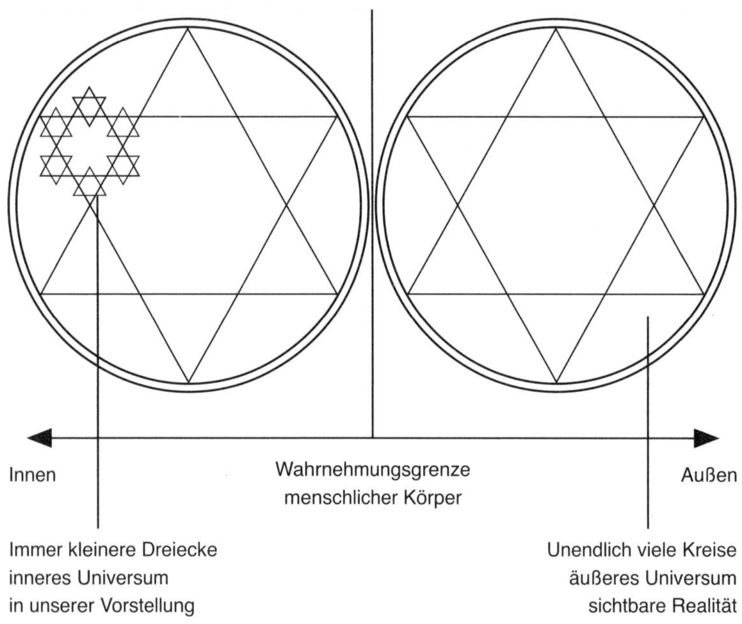

Abb. 11: Der innere und äußere Raum mit dem menschlichen Körper als Wahrnehmungsgrenze

Diese Elementarteilchen sind bis dato die kleinsten, aber nur deshalb, weil die Auflösungen unserer Beobachtungssysteme nicht genug hergeben und weil man sie bisher noch nicht teilen konnte. Mit der entsprechenden Technik würden die Wissenschaftler sagen: "Hey, da ist ja ein NOCH winzigeres Teilchen."

Die Unendlichkeit in alle Richtungen

Egal also, in welche Richtung wir uns bewegen, wir kommen nie zum Ende. Der Raum ist unendlich, sowohl in die eine (Außen) als auch in die andere Richtung (Innen). Wenn der Raum in die eine Richtung (Innen) unendlich ist, dann kann er nicht in die andere (Außen) begrenzt sein. Innen und Außen bilden den EINEN Raum, so wie eine Wanne voller Wasser, getrennt durch eine Glasscheibe, die ins Wasser getaucht wird, eins ist. Wir, die Inkarnierten, bilden dabei die Glasscheibe, weil wir sowohl in die eine als auch in die andere Richtung blicken, aber wir teilen den Raum deshalb nicht in zwei Teile. Wir blicken nur in zwei Richtungen. Es ist und bleibt derselbe Raum, unendlich. Da wir aus unserer Sicht - und NUR aus unserer Sicht - die Grenze sind, sind wir Teil dieses Raums. Die Hälfte, die kleiner ist als wir, tragen wir in uns.

Die materielle Grenze, auf der sich alles tummelt, was Materie ist, kann moduliert werden mit unseren Gedanken, Gefühlen, Absichten und Wünschen, Ideen und Einfällen. Diese befinden sich überall im unendlichen Raum, nicht nur in uns selbst, auch wenn sie von uns ausgehen mögen. Sie durchschwingen die Unendlichkeit, und auf der Grenze manifestieren sie sich in materieller Form. Ob du dich auch als Grenze wahrnimmst mit all dem, was in Materie gepackt an Unliebsamem um dich herum ist, oder ob du dich als Teil des unendlichen, veränderlichen Raumes betrachtest, ist dir selbst überlassen.

Das Universum als Raum unendlicher Fülle

Das Modell des Universums, bestehend aus multiplen Kreisen mit zwei übereinander gelegten Dreiecken darin, ist dir ja nun bekannt. Es gibt aber noch ein weiteres Modell, und das sieht folgendermaßen aus:

Das Spirituelle, Geistige, Göttliche - oder wie immer du es auch nennen magst -, wird als Dreieck dargestellt. Diese Darstellung kommt aus der ersten Religion auf Erden überhaupt, der ägyptischen Mythologie. Das Dreieck ist zu dieser frühen Zeit bereits der Inbegriff der Dreifaltigkeit, die die Christen heute als Gottvater, Gottsohn und Heiliger Geist verehren; in Ägypten waren es Isis, Osiris und Horus. Die Dreifaltigkeit finden wir noch in zahlreichen anderen Glaubensrichtungen wieder, so z. B. bei den Indianern Nordamerikas. Das soll als Info dazu erst einmal reichen. Wichtig ist: Die Zahl 3 stellt die göttliche Dreifaltigkeit dar.

Das grobstoffliche Universum und damit unsere materielle Realität wird gerne vierdimensional dargestellt, nämlich mit dem dreidimensionalen Raum plus der Dimension Zeit. Wir leben ja in der Raumzeit. Dass 3 + 4 = 7 ergibt, eine Glückszahl, die sich nicht nur in den sieben Tagen einer Woche widerspiegelt, ist eine andere Geschichte.

Wichtig sind die Zahlen 3 und 4. Warum? Bei der Arbeit mit dem Lichtkonto wird dir ein Quartett aus Energien in die vier Herzkammern eingepflegt, und zwar auf der mentalen und damit der physischen Ebene.

Im Aufbau-Workshop "Die Module des Erfolgs" werden dir zwei weitere, nun in der Gesamtsumme drei, Aspekt-Quartette in die vier Herzkammern eingebracht, eines auf finanzieller Ebene und ein weiteres auf Seelenebene. Mit diesen drei Quartetten hast du das mystische Universum im Herzen, und zwar spürbar, denn es präsentiert auch den universellen Vierpol.[3]

Was es bedeutet, das Universum mit all seiner Fülle in sich zu haben - real, das zeigt die Erklärung von Nassim Haramein - wirst du sehr schnell spüren und dein ganzes Leben lang genießen. **Die Auswirkung davon ist unglaublich.**

3) Dieses wichtigste universelle Gesetz ist Gegenstand des Buches "Synergemo - Der Quantencode", erschienen 2010 bei Silberschnur.

Kapitel 8

Checkliste für dich – wie auch du in die Fülle kommst

Es ist nicht jedermanns Sache - oder die Sache einer jeden Frau -, sich Hals über Kopf einer neuen Idee hinzugeben. Viele agieren lieber erst einmal im stillen Kämmerlein und beobachten. Das ist verständlich und nachvollziehbar. Vielleicht gehörst auch du zu dieser Gruppe von Menschen und möchtest nach der Lektüre dieses Buches erst einmal alleine ausprobieren, was hinter dem Lichtkonto steckt.

Du hast den Inhalt der Kapitel gelesen und verinnerlicht und weißt, dass deine Kopplungen von Unsicherheit, Mangel und Machtlosigkeit an Geld dich von einem sorgenfreien finanziellen Leben abhalten. Dir kommt alles, was hier geschrieben steht, logisch vor und du bist der Meinung: Ja, das funktioniert, das werde ich mir zunutze machen.

Wenn das so ist, dann wird dich das Nachfolgende sicher interessieren, denn es wird dich ein gutes Stück weiterbringen. Für dich als Leserin oder Leser gibt es zwei Webseiten, die dein Herz bestimmt höherschlagen lassen. Was sie dir bieten und was du alles für dein finanzielles Wachstum tun kannst, erfährst du in den folgenden Schritten:

1. Auf **www.silberschnur.de/bonus/lichtkonto** hast du die Möglichkeit, den Workshop mit seinen neun Parts als Download abzurufen. Das ist wichtig für deinen Erfolg, denn damit löst du deine schädlichen Kopplungen auf und begibst dich permanent in die Fülle.

2. Auf der Website **https://bewusstes-denken.jetzt** kannst du dich darüber hinaus kostenlos als Mitglied registrieren, um noch tiefer in den Genuss einer hellen, weiten, leichten und belebenden Finanzenergie zu kommen und dich von der dunklen Kapitalgesellschaft abzuheben. Die Registrierung ist wichtig, weil du dich damit außerdem in das Kollektiv des Lichtkontos einklinkst und mit dieser großartigen Energie verbindest. Darüber hinaus hast du als Mitglied Zugriff auf Infos, die nur Clubmitgliedern zur Verfügung stehen.

3. Bevor du mit dem Workshop loslegst, sind noch zwei, drei wichtige Aufgaben zu erledigen.

Erste Aufgabe: Wie bereits erwähnt, erstelle dir bitte zunächst eine Liste mit allen Einnahmen, die dir in deinem Leben zugeflossen sind. Sei gewissenhaft, auch wenn du es nicht auf den Cent genau bestimmen kannst. Das Erstellen der Liste lenkt zum einen deinen Fokus auf die Fülle. Du wirst diese Summe aber auch brauchen, wenn du dein Lichtkonto eröffnest, womit du dich ein weiteres Mal in die Fülle begibst.

Zweite Aufgabe: Notiere dir auch, wie viel Geld dir durch unsinnige Ausgaben, Verluste aller Art und anders ungewollt wieder entschwunden ist. Sei auch hier pingelig und nimm dir genug Zeit. Sei dir bewusst, dass mit den Verlusten in Verbindung stehende negative Emotionen deinen Geldfluss behindern. Es ist nun an der Zeit, das ein für alle Mal aufzugeben. Bei der Eröffnung deines Lichtkontos machst du dein Sein frei für die Fülle.

Dritte Aufgabe: Kreiere dir eine lichtvolle Lichtkontonummer. Die Zahlenfolge, die du auswählst, sollte dich an etwas Schönes erinnern, damit du immer Freude verspürst, wenn du später dein Lichtkonto betrittst. Es kann auch einfach nur die 7 sein, wenn diese Zahl dich glücklich macht. Du erinnerst dich an den Inhalt des letzten Kapitels? Die Sieben repräsentiert das gesamte Universum mit Raum, Zeit und Göttlichkeit. Kreiere dir also deine Lichtkontonummer und benutze sie in Zukunft immer, wenn du die Tür zu deinem Lichtkonto öffnest. Allein das wird dir wunderbare Gefühle bereiten. Du freust dich auf die Einzahlungen und sendest damit Signale der Fülle ans Universum aus.

4. Wenn du die Aufgaben erledigt hast, höre dir bitte Part 1 an und eröffne dein Lichtkonto.

5. Sobald dir die Ausstattung deines Lichtkontos so richtig gut gefällt, möchtest du mit den Parts 2-9 weitermachen. Stelle sicher, dass du voll und ganz mit der Umsetzung eines Parts zufrieden bist, bevor du zum nächsten gehst. Du hast unbegrenzt Zugriff auf den kostenlosen Workshop.

Also höre dir die Parts auch in Zukunft immer wieder einmal an. Bleib dran. Du kannst den Workshop auch benutzen, um Einzahlungen in dein Lichtkonto zu tätigen.

6. Mache es dir zur Gewohnheit, alles, was du einnimmst, aber auch alles, was du SINNVOLL und mit Gegenwert ausgibst, tagtäglich ins Lichtkonto einzuzahlen, und zwar im Bewusstsein der Wertschätzung für die Summe und in der Freude darüber. Das kannst du sofort tun, wenn der Geldfluss entsteht, oder aber am Abend, indem du alles addierst und in einer Summe dem Lichtkonto übergibst. Wie gesagt: Denke dabei an die Wertschätzung, sowohl für deine Einnahmen als auch für die sinnvollen Ausgaben, denn dafür hast du ja einen Gegenwert erhalten. Die Wertschätzung für die sinnvolle Ausgabe wird auch deine realen unsinnigen Ausgaben verringern, denn du wirst in Zukunft sicherlich bewusster mit deinem Geld umgehen.

7. Das Lichtkonto hat die Eigenschaft, den Geldfluss zu dir zu erhöhen. Wenn du dieses Buch komplett gelesen hast, ist dir das bewusst. Der erhöhte Zufluss zu dir macht sich dadurch bemerkbar, dass UNERWARTETE Einnahmen in dein Leben treten. Immer wieder kommt Geld auf dich zu - aus heiterem Himmel sozusagen. Damit du diese Einnahmen auch gebührend würdigen kannst, trage sie dir bitte in eine Tabelle oder in ein Notizbuch ein.

8. Höre die Parts in der gegebenen Reihenfolge 30 Tage lang TÄGLICH, während du dich in das Gefühl der Sicherheit und der Fülle begibst, wenn du dein Lichtkonto betrittst.

Spüre, dass du im Lichtkonto absolut sicher bist, und dein Geld auch. Spüre beim Betreten deines Lichtkontos immer, dass du die Macht hast, deine finanzielle Situation selbst zu bestimmen. Du bist nicht machtlos, sondern übernimmst ab sofort die Verantwortung dafür. Komme in den Genuss von Sicherheit, Fülle und Macht in Bezug auf DEIN Geld.

9. Freue dich auf deinen Erfolg und über deinen Erfolg.

Wie erfolgreiche Mitglieder es anpacken

Ich möchte dich wirklich nicht mit zu vielen Posts langweilen. Um aber eine Vorstellung davon zu erhalten, wie manche es schaffen, mit dem Lichtkonto Erfolg zu haben, habe ich die folgenden Berichte angefügt. Es ist gar nicht schwer, das Lichtkonto zu verinnerlichen, und die Berichte darf ich auch mit vollem Namen bereitstellen.

Hier sind sie:

Martina Schöne

Lieber Marlin, du hast mich gebeten, meine Erfahrungen mit dem Lichtkonto aufzuschreiben, was mich natürlich sehr ehrt.

Ich habe von Anfang an wöchentlich deine Parts gemacht und mir bei der ersten Meditation ein wunderbares Lichtkonto erstellt. Dieses Lichtkonto befindet sich an meinem inneren Wohlfühlort. Immer wenn ich etwas einkaufe oder eingeladen werde, gehe ich im Kopf durch, wie viel ich jetzt gespart habe oder was das jetzt gekostet haben könnte, und lege es in mein Lichtkonto. Das passiert schon irgendwie automatisch. Mein Bewusstsein ist durch den Workshop und unsere Kollektivenergie sehr auf Wohlstand und Fülle ausgerichtet.

Ich mache zusätzlich noch jeden Tag eine Wertschätzungsübung und schreibe mindestens 3 Dinge auf, für die ich dankbar bin, am Schluss folgt jedoch immer ein Satz: »Liebes Multiversum, ich bin dir sehr dankbar für so viel Fülle und Reichtum.«

Deine Parts höre ich öfter unter der Woche abends beim Schlafengehen an. Ich bekomme meist nicht viel mit, aber ich weiß, dass sie ganz tief ins Unterbewusstsein vordringen. Tagsüber ist mein Bewusstsein automatisch auf Fülle und Reichtum gerichtet, ich wertschätze jeden Cent, den ich finde, jeden Euro, den ich spare, und jeden Gegenstand, den ich geschenkt oder günstiger bekomme. Wenn ich diese Gedanken habe, zahle ich automatisch die Beträge auf das Lichtkonto ein. Ich habe zum Beispiel eine Vespa für 400 statt für durchschnittlich gehandelte 2600 Euro gebraucht bekommen.

Auch bekomme ich immer mehr Möglichkeiten, wie ich mich mehr und mehr in den Geldfluss bringen kann, das ist die Resonanz, in der ich stehe. Mein Fokus ist auf die helle, weite und kraftvolle Energie der Fülle und des Reichtums gerichtet. Mir wird auch bewusst, was ich schon alles habe und besitze; auch dessen Wert verstärkt die Geldenergie und somit das Kollektiv.

Martina Schöne

Minouch Ringo

Guten Morgen, lieber Marlin, mir war gar nicht bewusst, dass ich quasi »zu den Besten« beim Lichtkonto gehöre. Aber, weißt du, was ich bei mir festgestellt habe? Durch das Lichtkonto nehme ich jetzt auch 2 Euro, die ich z. B. in der Hosentasche gefunden habe, wahr. Früher hätte ich sie einfach in mein Schwein getan ... Eingedenk der Tatsache, dass sich Leute in der Gruppe so über 5 Cent freuen, die sie irgendwo finden ... verstehst du? Durch die geschäftsbedingten hohen Monatsrechnungen von unserem Lieferanten, von den fixen Kosten will ich gar nicht reden, sind 2 Euro nicht wirklich erwähnenswert. Das dachte ich bisher. Aber jetzt nehme ich sie zur Kenntnis und poste sie in der Gruppe, weil andere sich dann auch wieder freuen.

Dass das Lichtkonto aber auch andere Auswirkungen haben kann, schrieb mir folgende Kundin, nachdem sie nach einem Serverproblem kurzzeitig nicht an ihren Workshop kam.

Roswitha

Lieber Marlin,

ich hatte schon schöne Erfolge mit den Workshops, mit der leichten, hellen, weiten und wirklich fließenden Geldenergie. Immer wenn ich Geld ausgegeben habe, kam es ganz schnell wieder zurück.

Dann ist mein Mann 2018, zwei Tage vor seinem 56. Geburtstag, plötzlich an Bauchspeicheldrüsenkrebs verstorben und ich bin sozusagen in ein Loch gefallen. Ich konnte das alles nicht begreifen, weil es so schnell ging.

Die Parts habe ich dann vor ca. 6 Monaten wieder regelmäßig gehört, und es ging mir langsam wieder besser. Ich bin froh, dass ich diese bald wieder nutzen kann. Habe schon gedacht, die würde es nicht mehr geben.

Danke für diese tolle Lichtarbeit.

Anhang

Der Workshop – Auflösen von destruktiven Kopplungen an Geld

Zum Abschluss jetzt noch ein kurzer Überblick über die Parts des Workshops.

Ich habe weiter oben im Buch bereits zu bedenken gegeben, dass das Auflösen von Glaubenssätzen und das Chanten von Affirmationen nicht den gewünschten Erfolg bringt, wenn die Kopplungen, die die Misere verursachen, bestehen bleiben. Ich habe nicht behauptet, dass Affirmationen generell nichts bewirken. Ganz im Gegenteil. Wenn die Kopplungen aufgelöst sind, fallen sie auf sehr fruchtbaren Boden, und deshalb sind die Parts alle mit unhörbaren, aber kraftvollen Affirmationen, so genannten Subliminals, unterlegt. Mehr noch: Während der Meditation fährt eine Technik, die sich "binaurale Beats" nennt, deine Gehirnfrequenzen so weit runter, dass dein Unterbewusstsein absolut offen ist und die Subliminals nicht mehr hinterfragt werden können. Achte daher bitte auf den richtigen Sitz deines Kopfhörers. Du löst also deine Kopplungen auf, und gleichzeitig rücken die Affirmationen dir deinen Blick auf die

Fülle zurecht. Das ist das Stärkste, was du dir auf dem Gebiet des Selbstcoachings vorstellen kannst. Die Parts selbst sind in einem professionellen Tonstudio hochwertig produziert worden.

Abb. 12: Der ehemalige Video-Ingenieur Dietmar Schenk im Tonstudio bei DAS WERK, MÜNCHEN, mit einem alten Kumpel aus dieser Zeit: Key-Account-Manager Egi Seipler

Wie würde es dir eigentlich schmecken, wenn das "Stärkste auf dem Gebiet des Selbst-Coachings" hier und jetzt noch getoppt werden würde? Gut? So richtig gut? Na, dann pass mal auf, jetzt kommt's:

Wir haben ja bereits über die drei Filter gesprochen, die getrübt sein können: Den Filter des Mentalkörpers, jenen des Emotionalkörpers und den des Identitätskörpers. Was immer diese Filter trübt, ist mit Emotionen behaftet, und zwar mit negativen, denn sonst wären die Filter ja nicht beschmutzt. Wir sprechen dann von Blockaden. Sie lassen sich leicht erkennen, denn unsere Ergebnisse sind exakte Spiegel davon. Erreichen wir nicht, was wir wollen, dann ist das Ergebnis durch eine Blockade hervorgerufen. Es sind immer und ausnahmslos festgesetzte Emotionen. Sie können überall sein, zum Beispiel im Gehirn nebst Bewusstsein und Unterbewusstsein oder in unserem Energiefeld, der Aura, und sie können sogar unsere Zellen befallen.

Gott sei Dank können Blockaden gelöst werden. Vielleicht kennst du dazu sogar die eine oder andere Methode. Aber was bleibt zurück, wenn die Blockade gelöst ist? Ein Vakuum. Schade, denn das Universum kennt kein Vakuum, sondern nur Energie und Information. Sagen wir also lieber: ein informationsneutraler Raum. Deshalb wird sich das entstandene Loch recht schnell wieder füllen, und zwar mit deiner Blockade. Wird in das Vakuum aber die Information des Gewünschten implantiert, dann kann die Blockade nicht zurückkommen, und dein Leben wird sich nachhaltig verbessern.

Die gewünschte Information muss dabei nicht erst von irgendwoher geholt werden. Nein, sie umgibt dich bereits. Wo immer du auch bist, du hast Zugriff darauf. Die Information ist Teil deines Selbst. Du hast sie bereits mit dem Kauf dieses Buchs in dein Energiefeld geholt, denn damit verfolgst du ja eine bestimmte Absicht, richtig? Für deinen bestmöglichen Erfolg werden im Lichtkonto also deine Blockaden gelöst, und der entstehende Freiraum wird mit der

Information des sehnlichst Gewünschten ausgefüllt. Diese Informationsimplantation wird neben den Subliminals mit binauralen Beats umgesetzt. Wundere dich also nicht, wenn die Parts dich in einen sehr gelösten Zustand bringen. Es sind die binauralen Beats, die deine Gehirnwellen runterfahren und dein RAS neugierig machen.

Das ist so unglaublich, dass ich es noch einmal zusammenfasse:

- Mit den Parts befreist du dich von deinen drei Kopplungen an Geld. So erlangst du Sicherheit im Umgang mit Geld, befreist dich vom Mangeldenken und holst dir die Macht in dein Leben.
- Darüber hinaus befreist du dich von Blockaden, die deine Filter beschmutzen, und verschaffst dir einen freien Blick auf das Gewünschte.
- Das Lichtkonto verankert die bereits im Energiefeld sitzende Information des Gewünschten an den Stellen, die die Blockaden frei machen.

Part 1 bis Part 9 im Detail

• **In Part 1** triffst du deine Geldenergie. So, wie sie dir bei diesem ersten Mal begegnet, zeigt sie dir deinen aktuellen Bezug zum Geld auf. Nun kannst du sie verändern, sie herzlich und knuddelig und liebenswert machen, so dass dir das Herz aufgeht, wenn du in Zukunft in deine Geldbörse schaust. Immer wenn du nun Geld anfasst, wirst du die wunderbare Energie des Geldes spüren, die du dir kreiert hast. Solltest du vorher zum Beispiel der Meinung gewesen sein, dass Geld schmutzig ist, wird dir dieser Glaubenssatz in Zukunft keine Steine mehr in den Weg legen. Damit dein Geldwesen es auch gut hat, möchtest du ihm außerdem einen wunderschönen Platz herrichten, einen Raum, wie er schöner nicht sein kann. Dein Lichtkonto entsteht.

• **Part 2** nimmt Bezug auf deine Aktivitäten aus Part 1. Wo es noch etwas zu verbessern gibt, wird Hand angelegt. Ein wunderbar harmonisches Konstrukt ist die Folge, in das du später immer wieder gerne zurückkehrst.

• **In Part 3** wirst du deine Kopplung der Unsicherheit an Geld auflösen und in Sicherheit umwandeln. Lass dich überraschen, wie das allein schon auf dich wirkt und wie du danach mit Geld umgehst.

• **Part 4** gestattet dir, den Blick vom Mangel weg und auf die Fülle zu richten.

- **Part 5** zeigt dir, dass du gar nicht so machtlos bist, wie du dachtest, denn auf energetischer Ebene hast du absolut die Möglichkeit, etwas zu verändern. Du hast die Macht über dein Leben, die Macht, das zu erreichen, was du erreichen möchtest, und nun kannst du es anpacken.

- **Mit Part 6** wird die Auflösung der drei Kopplungen noch einmal gefestigt. Du wirst Sicherheit, Fülle und Macht als Räume erleben. Es muss also nicht allein in deiner Vorstellung bleiben, sondern du darfst es nun so richtig erleben. Diese drei Attribute - zusammen mit einer Karte, die dir den Erfolg zeigt - werden dir in die vier Kammern deines Herzens eingepflanzt. Pass auf, was danach geschieht, wenn du mit Geld umgehst (und WIE du mit Geld umgehst). In Part 2 wurde dein Herz zuerst einmal frei geputzt. Warum, das wird dir nun gewahr: Damit es Platz gibt in deinen vier Herzkammern für Sicherheit, Fülle und Macht.

- **In Part 7** wirst du an einen wunderbaren Ort der Fülle geführt, an dem du erlebst, dass alles ein Geben und ein Nehmen ist - du reist in den Wald. Dort kannst du alles, was dich noch begrenzt und limitiert, ablegen und dich so ein weiteres Stück weit befreien auf deinem Weg zur finanziellen Unabhängigkeit.

- **Part 8** dient der Generalreinigung, und einmal mehr hat es den Zweck, begrenzende Energien rauszufegen. Die Teilnehmer-Feedbacks zu diesem Workshop sprechen für sich (siehe Kapitel 6).

- **Und in Part 9** wird gefeiert. Sei eingeladen zu einer Millionärsparty und erlebe das Gefühl, reich zu sein. Außerdem wartet hier eine geniale Überraschung auf dich!

Ich wiederhole mich, wenn ich sage: Wir blicken aus unserem Selbst heraus nach draußen, aber es ist nicht immer real, was wir dort sehen, denn der Blick wird oft genug durch drei Filter getrübt. Schauen wir obendrein auch noch nach unten ins Dunkle, dann können wir keine angenehme Realität kreieren.

Der Workshop hilft dir beim Auflösen von hinderlichen Kopplungen in Bezug auf Geld und justiert deinen Fokus nach oben, wo es hell, weit, leicht und vital zugeht. Wenn wir den Blick nach oben wenden, d. h. Einzahlungen vornehmen, dann folgt die Energie auch dem Fokus, den wir dadurch auf Fülle ausrichten und immer mehr festigen. Durch die Auflösung der Kopplungen sind die Filter weit durchsichtiger, und wir erwarten auch nichts, das vom Unterbewusstsein und eventuell noch vorhandenen Sabotageprogrammen zunichtegemacht werden könnte. Wir setzen ja keinen Wunsch frei, sondern zahlen nur ins Licht ein. Indem wir auch Ausgaben einzahlen (wir hatten das Geld ja mal angezogen, hatten also die Kraft dazu UND bekommen einen Gegenwert für das Geld, das wir **sinnvoll** ausgeben), werden diese ebenfalls zu Einnahmen. Um es noch einmal deutlich zu machen: Da mit den Einzahlungen keine Erwartungen verknüpft sind, sondern der Fokus nur auf Fülle ausgerichtet wird, hat die Matrix auch kein Problem damit, uns das Geld wirklich zukommen zu lassen - oder entsprechende Chancen, die uns in die Fülle bringen. Es müssen aber "echte", also real getätigte Einnahmen und Ausgaben sein, sonst entsteht Inflation und du hast nichts gewonnen. Zumindest in Sachen Geld können so die Filter immer mehr geputzt werden.

Subliminals

Die Parts des Lichtkonto-Workshops sind mit unterschwelligen Botschaften belegt, Subliminals genannt. Wie bereits gesagt: Sie funktionieren, wenn sie nicht von den Kopplungen zunichtegemacht werden. Der Workshop ist darauf ausgerichtet, die Kopplungen zu neutralisieren, und so können die Subliminals vortrefflich wirken. Sie befinden sich in einem nicht hörbaren Frequenzbereich, können aber dennoch vom Unterbewusstsein aufgenommen werden.

Subliminals sind so gestaltet, dass sie immer wiederkehrend eine Botschaft vermitteln. Das gleiche Ergebnis ist auch mit Affirmationen erreichbar, die so angewendet werden, dass man sich immer wieder etwas vorsagt, z. B.: "Ich bin reich, ich bin reich, ich bin reich ..." Es liegt auf der Hand, dass die Anwendung von Subliminals einfacher ist.

Noch etwas anderes ist wichtig, die Tatsache nämlich, dass Affirmationen oder Subliminals gar nicht so viel bewirken, wenn die persönliche Einstellung zu der Botschaft nicht oder nur vage vorhanden ist. Das ist zum Beispiel der Fall, wenn du dich mit etwas anderem als einem wohlhabenden Menschen identifizierst. Mit anderen Worten: Der Filter auf der Identitätsebene ist beschmiert. Es nützt nichts, sich immer wieder vorzubeten, dass man reich ist, dieses aber nicht fühlt und eine ganz andere Überzeugung vertritt. Ist der Boden für die Botschaften jedoch kultiviert, dann gehen die Samen auf.

Im Workshop wird der Boden für Wohlstand, Reichtum und Fülle vorbereitet, indem die hinderlichen Kopplungen aus der dunklen kollektiven Finanzenergie aufgelöst werden. Das sind

- die Kopplung von Unsicherheit an Geld,
- die Kopplung von Mangel an Geld,
- die Kopplung von Machtlosigkeit an Geld.

Die Parts sind also so gestaltet, dass sie diese Kopplungen auflösen und die Subliminals wirken können.

Nun zu den Subliminals

Die neun Parts des Workshops sollten insgesamt mindestens 30 Tage lang ohne Unterbrechung gehört werden. Halte dabei unbedingt die gegebene Reihenfolge 1-9 ein.

Die Parts sind mit Subliminals unterlegt. Wenn du den Workshop in Erwägung ziehst, wirst du davon also großen Nutzen beziehen. Die Subliminals erzählen eine Geschichte in neun Episoden, und zwar keine geringere als "Die Reise des Helden", auch gut bekannt als "The Hero's Journey". Deine Arbeit mit dem Workshop ist deine ganz persönliche Heldenreise. Jeder Einzelne der neun Parts erzählt die gesamte Reise als unbewusste Botschaft, so dass es dir ganz leichtfallen wird, dein Unterbewusstsein neu auszurichten. Und dies ist die Geschichte:

Parcival ist der Held, um den es geht. Er ist eine Gestalt, die Wolfram von Eschenbach in den Jahren 1200-1210 ins Leben gerufen hat. Der Held macht sich auf die Suche nach dem Heiligen Gral, was deinem Beschreiten des Weges hin zu Wohlstand und Fülle sowie der Befreiung von den Kopplungen sehr ähnlich ist. Für dich, wie für ihn, ist es letztendlich eine Weiterentwicklung der Persönlichkeit.

Die Parts des Workshops gehen Hand in Hand mit den Subliminals. Indem du die Subliminals TÄGLICH für 30 Tage hörst, bereitest du den Acker für den Samen vor und streust ihn aus. Der 30-Tage-Prozess lässt den Samen reifen und aufgehen. Das ist dein finanzieller Erfolg.

Es ist wichtig, dass du zu Beginn deiner Reise die Reihenfolge der Parts einhältst, denn wie gesagt, sie bauen aufeinander auf. Sobald du mit dem Ergebnis eines Parts zufrieden bist - du spürst zum Beispiel, dass die Kopplung gelöst ist -, gehst du zum nächsten über - aber wirklich erst dann. Es macht keinen Sinn, sich beispielsweise schon mit dem Mangel beschäftigen zu wollen, wenn noch Unsicherheit vorhanden ist.

Deine Vorgehensweise ist also folgende: Starte mit dem ersten Part. Sobald du spürst, dass du dich mit der Botschaft identifizieren kannst, wechselst du zum nächsten, bis du alle neun Parts durchgearbeitet hast. Solltest du vor Ablauf der 30 Tage damit durch sein oder zwischen zwei Parts eine Pause brauchen, kannst du die separat zur Verfügung stehende Musikdatei mit Subliminals hören, ohne den 30-Tage-Prozess zu unterbrechen. Ist das ein Angebot?

Wenn du den Workshop hinter dir hast und spürst, wie gut er dir tut, dann möchtest du vielleicht mit den "Modulen des Erfolgs" starten. Sie stehen kostenpflichtig separat zur Verfügung. Hier sind keine Subliminals beteiligt, so dass du es mit dem Aufbau locker angehen kannst. Aber auch da gilt: Stelle sicher, dass du dich mit dem Inhalt identifizieren und ihn im Alltag umsetzen kannst, bevor du dir das nächste Modul vorknöpfst.

Wenn du diese Tipps beherzigst, dann steht deinem Wohlstand, deiner Fülle, ja sogar deinem Reichtum und der Entwicklung deiner Persönlichkeit nichts mehr im Wege.

Bild- und Quellennachweise:
pixabay (Abb. 1; S. 28); Quelle: Statistisches Bundesamt (Abb. 2; S. 34); © Sebastian Kaulitzki; Fotolia (Abb. 4; S. 63); alle weiteren Abbildungen © Dietmar Schenk.

Über den Autor

Dietmar Schenk wurde 1955 in Elz/WW geboren. Nach einer jahrzehntelangen Karriere als Ingenieur im Bereich Film und Fernsehen arbeitet er heute als Freiberufler im quantentechnischen Bereich, entwickelt wirksame Meditationen und Schulungsvideos für diverse Themen und stellt seine Fähigkeiten als Heiler für Fernbehandlungen zur Verfügung.

Bereits 1988 kam Dietmar Schenk in Kontakt mit der Spiritualität, als er einen Meister des Ninjutsu kennenlernte und von ihm unterrichtet wurde. Ihm wurde schnell bewusst, dass das, was wir sehen, nur ein Bruchteil des Ganzen ist. Diverse Ausbildungen erweiterten sein Wissen im Laufe der Jahre beträchtlich.

Aus dem gesammelten Wissen entwickelte sich seine vierpolige Betrachtungsweise, die nun die Basis von allem ist, was er tut. Zuerst war es Synergemo, das mit Unterstützung einer Energiekarte schnell Negativitäten auflösen kann, gefolgt von Synergaging, einem Konzept, mit dem man jünger bleibt, wenn man älter wird. Dass Geldprobleme nicht mal einfach so durch Affirmationen aufgelöst werden können, weil sie auf hartnäckigen Kopplungen beruhen, ist genauso eins seiner Themen wie die Auflösung derselben.

Seit 1989 ist er schriftstellerisch tätig mit Veröffentlichungen von bisher zehn Büchern sowie Texten in Fachzeitschriften und Online-Magazinen.

PHÄNOMEN LICHTKONTO – online

○●○

Das Ende des Buches ist nicht das Ende des Lichtkontos, denn wie du schon erfahren hast, gibt es noch einiges mehr! Unter folgendem Link gelangst du zum kostenlosen »**Workshop**« und hast die Möglichkeit »**Die Module des Erfolgs**« zu erwerben:

www.silberschnur.de/bonus/lichtkonto

Mit dem **kostenlosen »Workshop«** erreichst du u.a.:

- ★ dass sich deine destruktiven Kopplungen an Geld auflösen.
- ★ dass sich negative Emotionen verflüchtigen, die noch an eventuelle Geldverluste gebunden sind.
- ★ dass du die Fülle in dein Leben holst.

»Die Module des Erfolgs« sind kostenpflichtig erhältlich. Dieser Aufbau-Workshop mit **16 Audiodateien** setzt die Gesetze des Erfolgs in die Tat um und verankert sie in dir! Hole dir das Universum in dein Herz! Was das bedeutet, kann man nur selbst erfahren …

Außerdem:

Für Leserinnen und Leser des Lichtkonto-Buches gibt es darüber hinaus die Möglichkeit, eine **kostenlose Exklusiv-Mitgliedschaft** zu aktivieren. Besuche dazu folgende Webseite, werde Mitglied des auf Fülle ausgerichteten Lichtkonto-Kollektivs, erhalte Ansporn und Tipps, die Möglichkeit an Events teilzunehmen u. v. m.:

www.bewusstes-denken.jetzt

Aufbau-Workshop im Detail:

»Die Module des Erfolgs«

Im Workshop wird schon viel dafür getan, dass sich auch bei dir der Geldfluss einstellt. Wenn du nicht teilnehmen magst, dann setze wenigstens die Punkte um, die weiter oben im Buch in der Checkliste aufgeführt sind. Eröffne dein Lichtkonto mit dem kostenlosen Workshop und zahle ab sofort freudig alle Einnahmen und Ausgaben ein. Allein das bringt dich schon ein gutes Stück weiter. Immerhin haben es auch jene gestemmt, die sich zu Beginn einfach nur meine Ideen zu eigen machten, und da gab es noch keinen Workshop.

In den »Modulen des Erfolgs« geht es nun so richtig ans Eingemachte, denn sie setzen die Gesetze des Erfolgs in die Tat um und verankern sie in dir. Im Folgenden kannst du lesen, worum es bei diesen Gesetzen geht.

• Modul 1 kümmert sich um das Thema »Liebe«, auch Selbstliebe, und es möchte dir helfen, deine Liebe und deinen Selbstwert zu entdecken und aufzubauen. Wenn du es dir nicht wert bist, dass das Geld zu dir fließt, dann wird es ausbleiben, egal wie gut deine Filter geputzt sind. Entdecke deine Liebe und kultiviere sie.

• In Modul 2 darfst du deine Beziehung zu deiner Geldenergie verbessern. Ja, du hast dir bereits im Workshop bei Part 2 eine richtig knuddelige Energie geschaffen, du magst sie, liebst sie vielleicht sogar. Hier wirst du dir gewahr, ob es wirklich so ist oder ob noch etwas in dir den Geldfluss zu dir abweist.

• Erkenne in Modul 3, was dich wirklich glücklich macht. Wie viel Geld brauchst du dazu? Was für ein Haus? Was für ein Auto und welche Lebensumstände? Wenn du dein Glück aber an materiellen Dingen misst, dann wirst du ihm vielleicht sehr lange nachjagen. In diesem Modul wirst du verstehen, auf was es wirklich ankommt in Bezug auf Glück.

• Modul 4 fragt dich nach dem Sinn deines Lebens – und wenn du ihn nicht weißt, hast du eine richtig gute Chance, ihn in diesem Modul herauszufinden. Den Lebenssinn zu kennen, bringt einen so richtig fett auf die Erfolgsspur.

• Was wäre das Lichtkonto wert, wenn du damit kein Powerziel verfolgen würdest, etwas, das dir sehr wichtig ist und das du nach Kräften erreichen möchtest? Modul 5 bringt dich auf die Spur deines finanziellen Powerziels.

• Wenn es immer noch so ist, dass du es dir nicht wert bist, in Wohlstand und Fülle zu leben, dann wird dich Modul 6 darauf ausrichten und den nötigen Geldfluss zu dir aktivieren.

• Wir leben in einem bipolaren Universum, in dem Geben und Nehmen zwei Aspekte der gleichen Sache sind. Zum Geben und Nehmen gehören immer zwei, und wie sehr sich diese beiden Aspekte – richtige Anwendung vorausgesetzt – für ein Leben in Wohlstand und Fülle einsetzen lassen, zeigt dir Modul 7. Reiße mit ihm die Mauer ein, die dich begrenzt, und schaffe dir damit einen weiten und leichten Freiraum.

• Modul 8 geht auf die universelle Einheit ein von allem, was ist. Was das in Bezug auf Fülle bedeutet und was diese Erkenntnis bei dir bewirkt, kannst du hier verinnerlichen.

• Kämpfst du dich mühsam vorwärts, oder geht es spielerisch und mit Leichtigkeit? Modul 9 zeigt dir, wie du eine weitere begrenzende Mauer einreißt und dir damit den ultimativen Freiraum schaffst, nämlich jenen, den Weg des geringsten Widerstands zu gehen. Was glaubst du, welchen Erfolg dir das bringt, wenn du das erst einmal intus hast?

• Etwas loszulassen, das man gerne festhalten möchte, ist nicht jedermanns Sache. Aber was bringt es, sich mit einer Energie zu belasten, die einen schon längst verlassen hat? Erkenne in Modul 10, welche Leichtigkeit das Loslassen dir bringt, welchen Platz es schafft für Neues und wie du es erreichst, wirklich loszulassen.

• Modul 11 macht dich vertraut mit dem Erfolgsgesetz der Anerkennung. Welche Kraft hat die Anerkennung und was bewirkt sie? Lass dich überraschen.

• Auch die Aufmerksamkeit ist noch einmal ein Workshop-Thema, nämlich das von Modul 12. Weil es eben so wichtig ist. Es bringt dir eine vielleicht ganz und gar ungewohnte Sichtweise auf diesen Aspekt des Erfolgs.

• Wenn du erfolgreich sein möchtest, dann ist es wichtig, dass du die Verantwortung für dein Leben übernimmst. Die Macht dazu hast du bereits, also dürfte dir das Modul 13 keine Probleme mehr bereiten.

• Plane deine Zukunft, und zwar richtig. Modul 14 zeigt dir, wie du dabei am besten vorgehen kannst.

• Werde zur übersprudelnden Quelle und zeige der Welt, was in dir steckt. Zeige dir selbst, dass das Lichtkonto dein Ding ist, dass du ihm vertraust und dass du es wirklich geschafft hast, dich in Sachen Finanzenergie weiterzuentwickeln. **Modul 15** unterstützt dich dabei.

• **Modul 16** ist das letzte in der Lichtkonto-Reihe. Hier erfährst du etwas, das du so garantiert noch nicht erlebt hast. Vielleicht kannst du es noch nicht einmal glauben, was mit dir passiert: Du spürst das Universum mit all seiner Fülle in deinem Herzen. Wenn du es bis hierher geschafft hast, dann bist du in der Fülle.

Der in diesem Buch besprochene Workshop mit seinen Parts und Modulen ist geprüft und hat bei den Testpersonen zu zum Teil beachtlichen Ergebnissen geführt. Dennoch kann dir niemand, auch der Autor nicht, garantieren, dass du mit ihnen den gleichen Erfolg erzielen wirst. Genauso wenig wird das Versprechen abgegeben, dass du mit dem Workshop wohlhabend und erfolgreich werden wirst. Ob du das ebenso schaffst wie zahlreiche Mitglieder, obliegt ganz allein deiner Natur. Hast du das Zeug dazu, die Parts regelmäßig anzuhören, die Tipps umzusetzen und dranzubleiben? Dann wirst auch du es schaffen, denn ohne die Kopplungen bist du frei und lässt den Wohlstand in dein Leben.

Wenn du jedoch meinst: Na ja, kann ja nicht schaden, wenn ich da mal ein bisschen mitmache – nun, dann können weder dieses Buch noch der Workshop dir helfen.

Du hast die Wahl – entscheide dich!

240 Seiten, farbig, broschiert
ISBN 978-3-89845-649-4
€ [D] 20,00

Dietmar Schenk

Wer jünger bleibt, kann älter werden

Synergaging – so macht der Kopf den Körper fit

Rauben dir chronischer Stress und Überlastung Tag für Tag mehr Lebenskraft? Fühlst du dich erschöpft, ausgebrannt und vorzeitig gealtert? Dann gilt es, wieder mehr Dynamik zu spüren und die innere Balance wiederaufzubauen. Echtes Better-Aging zu betreiben.
Das Synergaging-Programm führt dich zu einem wahren Jungbrunnen, zum Quell der Lebenskraft und damit zu kerniger Gesundheit bis ins hohe Alter, damit du zu jeder Zeit gesund, vital und selbstbestimmt leben kannst.
Es lohnt sich.

160 Seiten, broschiert, inkl. Synergemo®-Card
ISBN 978-3-89845-309-7
€ [D] 16,90

Dietmar Schenk

Synergemo – Der Quantencode

Sich neu zentrieren mit den vier Polen

Im Mittelpunkt der Synergemo-Methode steht eine Energie, die der Autor den Vierpol nennt, und diese Energie – so alt wie das Universum – macht tatsächlich die ganzheitliche Betrachtung sowie Behandlung aller Leiden möglich.
Nach der Lektüre dieses Buches werden Sie nicht nur ein anderes Verständnis für die destruktiven Auswirkungen von schlechten Gedanken und Gefühlen entwickelt haben, sondern auch jene in Synergemo neu definierte Energie und deren Auswirkungen selbst erleben können. Hierzu liegt dem Buch eine Energiekarte bei – Ihre Eintrittskarte zum Quantenuniversum.

160 Seiten, broschiert, mit Abbildungen
ISBN 978-3-89845-261-8
€ [D] 12,90

Dietmar Schenk

Der Neuzeit-Schamane

Neue Wege zu altem Wissen

Schamanismus – das klingt nach magisch-ekstatischen Ritualen und fremden Kulturen. Doch auch hier gibt es »Neuzeit-Schamanen«. Die Methode deckt Ursachen auf und bietet Lösungen anhand von vielen praxisnahen Beispielen:

- warum diese Technik bei jedem funktioniert.
- welches Werkzeug der heutige Schamane benutzt.
- wie Sie Energieblockaden erfolgreich behandeln können.
- wie wir und die Erde gesünder werden.

Nutzen Sie die Kraft des alten Wissens, um »Neuzeitwege« einzuschlagen!

240 Seiten, broschiert
ISBN 978-3-89845-678-4
€ [D] 18,00

Andrej Korobeishchikov

Metanoia – Der Weg der Seher

Überwinde die Grenzen deiner Realität

Der Autor offenbart uns die Welt hinter der Welt mit einem Trainingsprogramm der Jäger-Schamanen der Taiga, durch das wir diese andere Welt sehen und verstehen können: Es ist der Weg des Sehers.
Durch den Eintritt in ein neues Raum-Zeit-Gefüge entdeckt man eine Parallelwelt, die unseren Alltag mit ungeahnten Kräften beeinflusst. Die mystischen Erfahrungen des Autors werden in das moderne Leben eingebunden und es beginnt eine Suche nach dem höchsten Geist.

160 Seiten, farbig, broschiert
ISBN 978-3-89845-668-5
€ [D] 15,00

Kurt Tepperwein

Das Erfolgs-Mindset

Zeitlos, inspirierend, wertvoll

Frust, Angst, Zweifel ade – und hallo Selbstsicherheit, Erfolg und Harmonie.
So einfach? Ja, mit der revolutionären Methode des Mindset können Sie Ihren Sorgen endlich Lebewohl sagen und sich auf ein Leben in Freude und Fülle freuen.
Mentalcoach Kurt Tepperwein hat hilfreiche Gedanken gesammelt, die Sie erkennen lassen, wer Sie wirklich sind, was Sie vom Leben erwarten dürfen und welche Aufgabe Sie persönlich hier erfüllen sollen.
Zeitloses und wertvolles Wissen, das Sie regelrecht umprogrammiert auf das Leben, das Sie sich immer erträumt haben. Nutzen Sie Ihre kreativen Gedanken!

152 Seiten, broschiert
ISBN 978-3-89845-619-7
€ [D] 6,95

Kurt Tepperwein

Lebe dein Leben leichter

Das »Spiel des Lebens« verstehen und leichter leben!

Die Misere: Stress im Job, Ärger mit der Familie, Zeitmangel, Krankheiten, mangelnde Perspektiven, unerfüllte Träume … Die Liste der Dinge, die unser Leben mit Sorgen füllen, ist lang.

Die Lösung: Der renommierte Lebenslehrer Kurt Tepperwein hilft Ihnen mit vielen erprobten und praktischen Methoden, Ihr wahres Selbst zu erkennen und sich damit von Ihren Sorgen und Ängsten zu befreien, um so wirklich leichter zu leben!

144 Seiten, broschiert
ISBN 978-3-89845-450-6
€ [D] 12,95

Kurt Tepperwein

Umdenken für ein besseres Leben

Dieses Buch ist Ihr persönlicher Wegbegleiter, der frischen Wind in Ihren Alltag bringt. Es lädt Sie dazu ein, Ihr Dasein etwas genauer zu betrachten und das Leben aus einer neuen Perspektive anzusehen.
Längst eingefahrene Sichtweisen können zu Stagnation, zu Frust, oft auch zu Kummer führen. Und wir denken oft »Das kann ich nicht ändern«. Kurt Tepperwein zeigt Ihnen, wie Sie Ihr Leben in die Hand nehmen und auf Ihre ganz eigene Art und Weise umdenken können.
Begeben Sie sich mit Kurt Tepperwein auf diese spannende Reise, betrachten Sie das Leben aus einer neuen Perspektive und geben Sie ihm einen neuen Sinn!

272 Seiten, 2-farbig, Klappenbroschur
ISBN 978-3-89845-648-7
€ [D] 20,00

Peter Berliner

Klare Worte

Wie Sie überzeugend sagen, was Sie meinen

Klar und überzeugend kommunizieren
Sei es im Beruf oder im Privatleben: Wirkungsvolles Sprechen vor und mit anderen Menschen ist heute wichtiger denn je. Wer seine Ideen und Projekte überzeugend vortragen kann, hält den Schlüssel zum Erfolg in der Hand.
Kompakt und unterhaltsam coacht Sie Peter Berliner, Experte für Kommunikation und Persönlichkeitsentwicklung, wie Sie die Kunst der klaren Worte erfolgreich meistern und andere von Ihren Ideen überzeugen!

272 Seiten, broschiert
ISBN 978-3-89845-631-9
€ [D] 16,00

Bernd Späth

Bloß kein Coaching ... oder doch?

Wie Sie endlich Ihren gestörten Chef und Ihre seltsamen Kollegen verstehen

Dank der heiter-schrägen Kurzgeschichten von Coach Bernd Späth versteht man, warum die Menschen heute so gestört und seltsam sind, wie sie eben sind – und entdeckt, wie man für sich selbst Lösungen findet.
Ein hervorragender und immer wieder lustiger Ratgeber für alle, die sich im Jobleben – und nicht nur dort – zurechtfinden wollen!

208 Seiten, mit 8 farbigen Seiten, broschiert
ISBN 978-3-89845-237-3
€ [D] 14,90

Anne Givaudan & Dr. med. Antoine Achram

Gedankenformen und ihre Auswirkungen

Eines der revolutionärsten Bücher zum Thema Gedankenkraft! Die Autorin macht eindringlich klar, wie eine Gedankenform funktioniert, wie sie entsteht und wie sie wirkt, insbesondere aber, wie wir ihren Einfluss auf uns mindern können.
Gedankenformen können uns ersticken oder uns dynamisieren – sie erkennen und sich ihrer Rolle bewusst zu werden, das ist der erste Schritt zu einer wahren »Transformation«; diesen Schritt nun erleichtert dieses Buch mit seinen umfassenden und doch verständlichen Erläuterungen.

192 Seiten, gebunden
ISBN 978-3-89845-605-0
€ [D] 12,95

Manfred Mohr

Bestellungen beim Universum heute

Neues Wünschen in einer neuen Zeit

Das Bestellen beim Universum ist heute vielschichtiger geworden. Was als »Bestell es dir doch einfach« begann, trägt heute die Früchte eines sich verstärkenden Bewusstseins, das weiß, dass wir etwas in unserem Leben verändern können.

- Wie hat sich das Bestellen verändert?
- Welche Neuerungen kamen dazu?
- Wie bestellt man heute am besten?

Dieses Buch hilft dir zu spüren, wie eng verflochten wir mit dem Universum und unseren Mitmenschen sind und wie entscheidend unsere innere Haltung ist.
Entdecke auch du die neue Form des Bestellens für dich!

464 Seiten, broschiert
ISBN 978-3-89845-112-3
€ [D] 19,90

Walter Rotter

Charaktere erkennen – Menschen verstehen

... miteinander glücklich sein

Eine echte Sensation! Nach über drei Jahrzehnten intensiver Studien und beratender Tätigkeit ist Walter Rotter – allein auf der Grundlage des Geburtsdatums und der Geburtsstunde – in der Lage, den Charakter jedes Menschen zu erfassen, den Zugang zu diesem zu finden und ihn im Herzen zu berühren.
Mit Hilfe dieses Buches wird nun auch Ihnen der Zugang zu vielen Menschen erleichtert werden. Lassen Sie sich überraschen von der Vielfältigkeit dieser wunderbaren Grundcharaktere, lernen Sie sie zu verstehen – und Sie werden ein erstaunliches Feedback erhalten ...

Weiterführende Informationen zu
Büchern, Autoren und den Aktivitäten
des Silberschnur Verlages erhalten Sie unter:
www.silberschnur.de

Natürlich können Sie uns auch gerne den
Antwort-Coupon aus dem beiliegenden
Lesezeichenflyer zusenden.

Ihr Interesse wird belohnt!